Die Errettung der Menschheit

Studien zu den Science Fiction-Filmen
GATTACA und MATRIX

von

Valentin Platzgummer

Tectum Verlag
Marburg 2003

Platzgummer, Valentin:
Die Errettung der Menschheit.
Studien zu den Science Fiction-Filmen "Gattaca" und "Matrix".
/ von Valentin Platzgummer
- Marburg : Tectum Verlag, 2003
ISBN 978-3-8288-8570-7

© Tectum Verlag

Tectum Verlag
Marburg 2003

Ich bedanke mich an dieser Stelle bei Anita für die mühsame Korrekturarbeit und ihre Geduld während des Zustandekommens dieses Buches.

Gewidmet Moritz und seiner Generation, ihnen obliegt die Zukunft.

Inhaltsverzeichnis

EINFÜHRUNG   9

FILMANALYTISCHER TEIL   17

Unbehagen vor der genetischen Allmacht: „Gattaca"   17
  Inhaltsangabe   17
  Dramaturgische Analyse   23
    Gliederung des Films   23
    Vorspann und Titel   25
    Exposition und Flash-Back   28
    Wendepunkt und Motiv der Hauptfigur   33
    Exkurs: Dramaturgie   34
    Die dramatischen Konflikte im einzelnen   39
  Die Filmvision artifizieller Mensch   49
    Die Vision und die Realität   49
    Historisches   64
    Versuch der Rehabilitierung des Menschen im Film   72

Unbehagen vor der Allmacht der AI: "Matrix"   81
  Inhaltsangabe   83
  Dramaturgische Analyse   88
    Gliederung des Films   88
    Zur Exposition   90
    Motiv   92
    Haupthandlung   93
    Zur Ikonographie des Films   102
  Die Vision der künstlichen Intelligenz   106
    Religiöse Elemente des Filmes   106
    Die Fähigkeiten der Künstlichen Intelligenz im Film   115
  Das Sequel: Matrix Reloaded   119

WISSENSCHAFTLICHER KONTEXT **127**

Science-fiction und Wissenschaft 127

   Künstliche Intelligenz und künstliches Bewußtsein 131
      Was ist AI 131
      KI in der heutigen Zeit 147
      Virtuelle Realität 155
      Das Internet 163
      Künstliches Bewußtsein 167
      Internet und Überwachungsängste 180

Wissenschaftlicher Optimismus vs. Spirituelle Rückbesinnung 187

   Das naturwissenschaftliche Paradigma 190
      Die neodarwinistische Welterklärung 190
   Die Philosophischen Welterklärungen 199
      Das spirituelle Paradigma 199
      Das soziale Paradigma 210
   Kritik am Paradigma der Naturwissenschaft 217

SCHLUß **230**

BIBLIOGRAPHIE: **234**

Einführung

Das Genre des Science-fiction gehört zu den nativsten des jungen Mediums Film, bereits 1902 verfilmte der Franzose Georges Méliès die phantastische Erzählung Jules Vernes „Le Voyage dans la lune" mittels Trickfilmelementen; damit ist dieser Film der erste Science-fiction Film und gehört mit zu den ersten Spielfilmen der Geschichte des Mediums überhaupt. (Diese begann offiziell mit der ersten Kinovorführung der Gebrüder Lumiere 1896 in Paris). Die phantastischen Welten der Literatur luden immer wieder Regisseure ein, diese in Bildern zu übersetzen; leider sackte das Genre nur allzuoft in den Bereich der „B-Movies" bzw. TV- Serien ab, und damit verbunden, zur inhaltlichen Nullstory. Nichts desto trotz, entstanden ab und zu aber auch Meisterwerke der Filmgeschichte, zu denen Stanley Kubricks „Odyssey 2001" von 1969 und Ridley Scotts „Blade Runner" von 1982 zählen. Speziell in den 90er Jahre häufte sich die Anzahl der aufwendig produzierten und thematisch interessanten Filme dieses Genres: „eXistenZ" von Regisseur Cronenbergh, die beiden ersten Teile der „Alien"- Saga I+ II[1] von Ridley Scott und David Cameron, „Strange Days" und viele mehr, deuten auf das wachsende Interesse der Filmemacher an diesem Genre hin. Dies legt Zeugnis ab, für ein wachsendes Interesse an qualitativ hochwertigen Filmen dieses Genres, von den Produzenten und vor allem auch vom Publikum.

Aus diesem dichten Programm werden exemplarisch zwei Vertreter herausgegriffen und eingehender untersucht: „Gattaca",

---

[1] die zwar noch in den 80er Jahren gedreht wurden, aber qualitativ den beiden Folgefilme überlegen waren.

USA 1997 und „Matrix", USA 1999. Der erste Teil der Arbeit steht ganz im Zeichen einer filmischen Analyse; zur Betrachtung kommen Inhalt, Dramaturgie und wissenschaftlicher Kontext, in dem die beiden Filme eingebettet sind. Dominiert wird die dramaturgische Analyse vom Film- Narrationsprinzip Hollywoods; ein Umstand, der weiter nicht verwundert, sind doch beide von „hollywoodscher" Provenienz. Diese spezielle, sehr schematisierte Erzähltechnik soll ebenfalls im Rahmen dieses Buches kurz erörtert werden. Der Auswahlgrund der beiden Filme liegt im wissenschaftlichen Kontext: der Film „Gattaca" beschäftigt sich mit den Belangen der Gentechnologie und deren möglichen Auswirkungen auf die Menschheit, die „Matrix" widmet sich hingegen dem Themenfeld der künstlichen Intelligenz und seiner hypothetischen Interaktion auf die soziale Mitwelt. Beide Felder beschäftigen in der rezenten Zeit nicht nur wissenschaftliche Forschungslabors, sondern auch die Feuilletons der verschiedensten Zeitungen und -schriften, sowie unzählige Diskussionen über Internet und Universitäten geführt. Die möglichen Auswirkungen der Technologisierung von Sozietäten, hat Einzug in die philosophischen Debatten gehalten; pro und contra einer derartigen Entwicklung werden mit einem leidenschaftlichen Impetus, von den jeweiligen Exponenten, referiert. Ein besonderes Augenmerk liegt hierbei auf die steten Rückgriffe der Filme nach religiösen Themen und Elementen der unterschiedlichen Konfessionen. Bereits die kontextuelle Untersuchung hebt die jeweiligen Motive hervor und verweist auf den originären und semantischen Kontext in die betreffenden spirituellen Systeme.

Der zweite Teil der Arbeit widmet sich dem dialektischen Diskurs, zwischen Vertretern der progressiven und konservativen Richtung der technischen Cyberkultur, wobei die weltanschaulichen Grundlagen der verschiedenen Positionen beleuchtet und gegeneinander gestellt werden. Auf Basis der Analyse[2] Umberto Ecos, in welcher die Literatur der Sciencefiction als Entwurf einer alternativen Wirklichkeit betrachtet wird, versteht die vorliegende Arbeit, das Feld der Sciencefiction als Möglichkeit eines soziologischen Laboratoriums. Dieses erlaubt die Anwendung verschiedener technologischer Hypothesen simulierend auf ein angenommenes gesellschaftliches Umfeld. Gleichzeitig deuten die Filme die derzeitige Stimmungslage der Bevölkerung an, die offensichtlich ziemlich genau getroffen wurde. Dies läßt sich am hohen Besucherzuspruch der zur Diskussion stehenden Filme ablesen. Auffallend ist die durchwegs negative Interpretation der Technologie von seiten der Film- Autoren; diese wird zumeist als Instrument zur Versklavung der Menschheit betrachtet. Das zweite auffallende Merkmal ist der operative Einsatz von religiösen Elementen in beiden Filmen, obgleich dieser Umstand mit einer gewissen Häufigkeit in Filmen amerikanischer Provenienz zu bemerken ist. Der Technologie wird als Kontrapunkt eine spirituelle Ebene gegenübergestellt, die letztendlich über den noch so ausgefeilten Materialismus triumphiert und auf diese Weise, die bekannte Weltordnung - Menschen als die Krone der Schöpfung - wieder herstellt. Die Technologie, so der Grundtenor, droht sich der menschlichen Kontrolle

---

[2] Im Rahmen einer Tagung in Rom zum Thema "Scienze e fantascienza" am 2. Mai 1984

zu entziehen, damit zu verselbständigen und kann nur durch den Einsatz von Spiritualität eingedämmt werden. Dabei wird die Religiosität als Gegenbild des Materialismus verstanden, eine genuin humane Ebene, die sich jedem künstlichen Wesen entzieht, und damit die letzte Rückzugsbastion des Menschen darstellt. Sie bildet das Kraftzentrum des erfolgreichen Widerstands gegen die rational erkaltete Welt; aus der Masse der spirituell inspirierten Menschen rekrutieren sich die Widerstandkämpfer gegen das bestehende Establishment. Dies wirft eine weitere delikate Frage auf, was unterscheidet den humanen Menschen von einer intelligenten Maschine mit Bewußtsein? Im Jahre 2000 erschien in Berlin eine Retrospektive der deutschen Kinemathek zum Thema „künstliche Menschen" (Herausgeber Rolf Aurich); diese seltene Aufsatzsammlung zum Themenkreis Science-fiction-Filme inkludiert auch einen Beitrag zur obigen Frage nach dem Bewußtsein künstlicher Intelligenz, ein Problemfeld, das ebenfalls im Rahmen dieser Arbeit besprochen werden soll[3]. Der Autor repliziert den Schluß des englischen Mathematikers Alan Turing, Bewußtsein hänge nur von der Größe der Speicherkapazität ab, es wäre, beider Ansicht nach, nur eine Frage der möglichst umfangreichen Informationsspeicherung und –abrufung. Diese Sichtweise wird einer Revision unterzogen, damit geht ein kurzer Exkurs in die Belange der künstlichen Intelligenz einher.

Das Buch soll, neben der Würdigung mittels der Filmbilder angewandte Soziologie zu betreiben, vor allem Materialien für eine Diskussion der anstehenden Fragen an die Technologie

---

[3] Buttazzo, Giorgio C.; Kann je eine Maschine sich ihrer selbst bewußt werden, S. 49ff.; in: Künstliche Menschen, Hg. Rolf Aurich, 2000 Berlin

bereit stellen; dabei liegt das Hauptaugenmerk auf einem interdisziplinären Aspekt, da keine Fakultät derart wichtige Teilbereiche unserer gemeinsamen Zukunft für sich alleine usurpieren kann und darf. Die Diskussion soll ein breites Publikum mit weit gefächerten Interessensgebieten betreffen, das auch außerhalb akademischer Einrichtungen steht. Als methodisches Vorbild stand für die vorliegende Arbeit das Medium Film selbst, welches sich ideal zur Exemplifizierung von nüchternen Thesen eignet. Es stellt gleichsam eine simulierte Translation aufgestellter Thesen in bekannte soziologische Environments dar. Dies kann die Leistung eines Sciencefiction Filmes sein, der aber nicht nur konsumiert, sondern breit diskutiert und analysiert werden will; das dazu notwendige qualitative Niveau der Filme braucht nicht gesondert hervorgehoben werden, es versteht sich von selbst, daß derartige Experimente entsprechend recherchiert und umgesetzt werden wollen. Insofern gleicht, ein qualitativ hochwertiger Science-fiction Film, einer wissenschaftlichen Arbeit, beide bilden die Basis für anknüpfende Gespräche, geben Anlaß zu weiterführenden Arbeiten und gegebenenfalls für Korrekturen für sozialpolitische Rahmenbedingungen. Zugegebenermaßen handelt es sich dabei um einen sehr optimistischen Ansatz, gelten doch für den Film in erster Linie ökonomische Gesetze, die sich als Notwendigkeit aus den hohen Produktionskosten ergeben, außerdem soll der Einfluß des Mediums Film auf die politischen Strukturen nicht überbewertet werden, den dieses, wie die übrigen Kunstgattungen, wohl nicht besitzt. Ungeachtet dessen sollte sich gerade die Wissenschaft der Möglichkeiten des Filmes im Allgemeinen und der Science-fiction Filme im speziellen, als soziale Laboratorien bewußt werden. Durch sie lassen sich Hauptstimmungslagen der Bevölkerung bestimmten und auf deren Präferenzen rückschließen. Die Schnittstelle zwischen den Filmen einerseits, und den unterschiedlichsten Rezipienten andererseits, ist ein zentrales Anliegen dieser Arbeit. Hierbei geht es hier nicht um Wirkungsforschung des Mediums auf sein Publikum, dessen Fragestellung lauten mag: mit welchen Mitteln gelingt es den Autoren, bestimmte Reaktionen hervorzurufen, sondern um die bereitgestellten Materialien und um die Behandlung der aufgeworfenen Fragen, die aufgrund des hohen Zuschauerzuspruches von offensichtlich breiten Interesse herrühren.

Die Themen der Filme und die Gesellschaft treten in eine gegenseitige Wechselbeziehung, gerade weil der Film einem hohen ökonomischen Druck unterliegt. Die Filmemacher sind gezwungen, solche Themen aufzugreifen, von denen sie annehmen können, daß diese ein entsprechend breites, interessiertes Publikum finden, das auch tatsächlich an der Kinokasse die Eintrittskarte bezahlt. Sie sind daher gut beraten, sich auf virulente gesellschaftliche Fragen einzulassen und diesen weiter nachzuforschen. Obgleich der Film „Matrix" von einer - für eine us-amerikanische Produktion untypisch - komplizierten Erzählstruktur determiniert ist, war er in wirtschaftlicher, wie auch in intellektueller Hinsicht ein Erfolg. Zahlreiche Besucher haben diesen Film gesehen, die Zahl der Fan-Sites im Internet ist enorm; gleichzeitig ist eine breit geführte Diskussion über die Problematik der künstlichen Intelligenz in Gang gekommen, die zwar in Ansätzen bereits existiert hatte, jedoch einiges an Popularität und Breite dazu gewonnen hat. Analoges gilt für den Film „Gattaca", dem zweiten zur Analyse stehenden Film; dieser hinkt in filmischer Hinsicht den visuellen und dramaturgischen Qualitäten von „Matrix" nach; transportiert jedoch genauso einen schwelenden Diskurs: die Entwicklung der Gentechnologie und die möglichen negativen Auswirkungen auf die Menschen. Auch dieser Film wurde als Ansporn und Ausgangspunkt für Aufsätze zum Thema verschiedenster Disziplinen genommen.

Das Buch versteht sich nicht als filmwissenschaftlicher Versuch jene filmischen Einfälle herauszukristallisieren, die letztendlich für den breitenwirksamen Erfolg ausschlaggebend waren. Es geht nicht um die Frage, warum diese beiden Filme ihre Zuseher fanden und welche die dafür notwendigen Regievorgaben waren. Diese Fragen würden sich zu sehr mit der psychologischen Interaktionen zwischen den Filmen und den Zuschauern beschäftigen. Dies ist ein spezieller Ansatz der Filmforschung, der hier ausgeklammert bleibt: der Wirkungsforschung; sie beschäftigt sich mit den Fragen des kommerziellen Erfolges und stellt die für diese Arbeit wichtigen soziologischen Fragestellungen hintan. Aus dem gleichen Grund verfolgt die dramaturgische Analyse der Filme nicht den filmimmanenten Ansatz, also die dramaturgische Notwendigkeit einer Folgeszene nach einer gegebenen Szene aufgrund des zugrundeliegenden Systems, sondern konzentriert sich auf die Umsetzung gegebener Problematiken im Rahmen des Mediums Film und deren Rezeption durch das Publikum. Die Auswahl der Texte aus dem naturwissenschaftlichen Bereich und die damit verbundenen Thesen orientiert sich an jene Autoren, die sich im interdisziplinären Diskurs einen hohen Bekanntheitsgrad erfreuen und daher einer breiten und interessierten Leserschicht zugänglich sind. Dabei wurde Augenmerk auf die Frage gelegt, welche Publikationen kann man bei den Filmemachern, die ja letztendlich jene Thesen in Bilder umgesetzt hatten, als bekannt voraussetzen, bzw. auf welche besteht die Möglichkeit des jederzeitigen Zugriffes von seiten der Öffentlichkeit. Die fachspezifische Literatur, die sich mit den in dieser Arbeit angerissenen Themenkreisen auseinandersetzt, wird dabei nicht berücksichtigt, da diese Schriften im breiten interdisziplinären Diskurs nicht als bekannt voraussetzbar sind. Dies kann natürlich zu Verzerrungen führen, von der Art, daß wichtige Thesen in diesem Buch nicht oder nur zu unreichend berücksichtigt werden können. Der Ausgangspunkt dieser Arbeit ist der filmtheoretische Ansatz, der von einem fernen Hochstand auf die naturwissenschaftlichen Forschungsfelder blickt, und dort die markant aufragenden Thesenbäume sichtet, aber den essentiellen Unterbau aus Theoriesträuchern, die den Forschungsboden weit mehr befruchten als die singulären Bäume, leider übersehen muß.

Filmanalytischer Teil

Unbehagen vor der genetischen Allmacht: „Gattaca"

Inhaltsangabe

Der Film setzt sich, grob betrachtet, aus drei großen Blöcken zusammen; analog zur klassischen Erzählung: dem Prolog, der eigentlichen Haupthandlung und dem Epilog. Die Anfangsmontage mit den Titeln ist für die Handlung des Filmes unwichtig, sie wird uns im Zusammenhang mit der dramaturgischen Analyse beschäftigen. Die Haupthandlung ist in sich selbst noch zu gliedern, hier sei nur grob das Bauprinzip angerissen. Wesentliches Kriterium dieser Einteilung ist die vermittelte Informationsdichte der einzelnen Blöcke, die naturgemäß bei der Haupthandlung am dichtesten ist. Aus formalen Gesichtspunkten liegt hier ein Vertreter des hinreichend bekannten „Hollywood-Erzählschemas" vor. Dieses Narrationsprinzip soll im Exkurs kurz erörtert werden.

Hauptperson des Filmes ist ein junger Mann Namens Vinzenz, dies unterstreichen die ersten Minuten der Exposition. Die Erzähl- und damit die Rezeptionsperspektive wird eindeutig auf seine Person festgelegt, und behält diesen Blickwinkel in weiterer Folge bei. Der dramaturgische Kunstgriff Flash-Back zu Beginn des Filmes ergänzt das Hintergrundwissen der Zuseher, welches essentiell für ein vollständiges Verständnis der Geschichte ist. In Übereinstimmung mit dem oben gesagten, ist hier zu bemerken, der Flash-Back steht für die Erinnerung der Hauptperson an seine eigene Biographie und an seine unmittelbare Umgebung. Ein Insert zu Beginn des Filmes definiert, wann die Filmhandlung angesiedelt ist: »in nicht allzu langer Zukunft«; Ort der Handlung ist eine nicht genauer definierte beliebige us-amerikanische Großstadt der Zukunft, die sich optisch kaum von der uns bekannten Welt unterscheidet. Menschen werden, so erfährt der Zuseher im Zuge der Rückblende, im allgemeinen nicht mehr auf sexuellem Weg durch ein Menschenpaar gezeugt, sondern von hochspezialisierten Genetikern aus den vorhandenen genetischen Bausteinen der Eltern geklont und als befruchtete Eizelle der Mutter eingepflanzt. Natürlich trachtet jedes Elternpaar „seinen" Kindern die bestmöglichen genetischen Chancen auf den freien biogenetischen Markt zu bieten; das praktische Gesetz lautet ganz merkantil: je perfekter das Wunschkind sein soll, desto höher ist der an die Genetiklabors zu entrichtende Preis. Vincent unterscheidet sich von den meisten seiner Zeitgenossen, durch seine konservative und gleichzeitig humane Zeugung – entstanden aus einem sexuellen Zeugungsakt. Dadurch gilt er aber als „invalid", weil seine geerbte genetische Disposition der natürlich- zufälligen Vererbung und Mutation zugrunde liegt und daher bei weitem nicht so erfolgsversprechend ist, wie jene seiner künstlich produzierten Zeitgenossen, deren Erbanlagen gezielt auf einige bestimmte Fähigkeiten von Genetikern vorselektiert worden sind. Dieses Manko äußert sich bei Vinzenz in einer starken Sehbeeinträchtigung und einem chronischen Herzfehler, auf Grund dessen bereits, kurz nach seiner Geburt, seine Lebenserwartung auf 30 Jahre bestimmt wurde. Derartige Schätzungen gelten hier nicht als Näherungen, sondern als Tatsachen. Gegen solche Unzulänglichkeiten der Natur sind die künstlich gezeugten Menschen gefeit. Sie wurden von allen bekannten körperlichen und seelischen Schwächen bereits vor ihrer Geburt befreit. Obendrein wurden ihnen noch besondere musische oder sportliche Begabungen, aufgrund der künstlich getroffenen Auslese genetischer Dispositionen durch die Genetiker, in die Wiege gelegt. Sie gelten daher als „valid" für alle höheren Aufgaben der Gesellschaft. Dadurch verlieren Einstellungsgespräche ihr traditionelles bürokratisches Prozedere; Persönlichkeitsprofile, die vorher langwierig über psychologische Tests und Gespräche eruiert werden mußten, können nun innert Sekunden mit einer einfachen Genanalyse überprüft werden; dabei wird einfach anhand einer Anforderungsliste überprüft, ob das Genomprofil des Probanden mit den, von der jeweiligen Firma erwarteten, Eigenschaften kohärent ist, so erhält der Kandidat den Job, andernfalls nicht.

Vincents Bruder, Anton ist ein „valid", ein perfektes Wesen aus der Designerstube der Genetiker und damit ein vollständiges Mitglied der Gesellschaft. Nur er ist es wert, den Namen des Vaters zu tragen[4]; der uralte Konflikt - Abel gegen Kain – wird im Zeitalter biotechnologischer Menschenzüchtung ausgetragen. Vinzenz Lebenstraum ist es, Raumfahrer zu werden. Dies ist, kraft seiner Geburt und seiner Krankheit, völlig unmöglich. Natürliche Menschen wie er können ein Raumschiff maximal als Putzkraft betreten, niemals aber in leitender Position. Die einzig möglichen Eintrittskarten in die Gesellschaft der Privilegierten bieten DNA- Broker, die mit gefälschten Identitäten handeln. An einen von ihnen wendet sich nun Vinzenz, der ihm eine neue Identität verschafft - als Jerome Morrow. Ein Unfall fesselte den ehemaligen Starschwimmer Jerome Eugene Morrow mit Querschnittlähmung an den Roll-

---

[4] vgl. dazu die Geburtsszene von Vinzenz.

stuhl. Um seinen gewohnt luxuriösen Lebensstandard aufrecht zu erhalten, stellt er Vinzenz seine physische Identität zur Verfügung. Im Zuge eines kosmetischen Umwandlungsprozesses wird Vinzenz äußeres Erscheinungsbild jenem von Eugene[5] angeglichen. Blut-, Harn- und Hautproben von diesem trägt Vinzenz ständig bei sich, um gegen stichprobenartig stattfindende DNA- Routinekontrollen gewappnet zu sein. Die eigentliche Geschichte setzt in der letzten Woche, vor Jeromes Start zu einer einjährigen Raumexpedition, ein. Der Direktor des Space-camps Gattaca, in welchem Vinzenz alias Jerome[6] als Navigator beschäftigt ist, wird ermordet aufgefunden. Eine Untersuchungskommission nimmt die Ermittlungen im Mordfall auf. Jerome verliert, während er auf die Leiche starrend über seine Vergangenheit sinniert, eine Wimper. Diese wird von den Ermittlern gefunden und lenkt die Fährte auf sein Alter Ego Vinzenz. Dank der hartnäckigen Untersuchungen der zuständigen Detektive werden die Ermittlungskreise immer enger um Jerome geschlossen. Irene, eine Kommilitonin von Jerome, wird ebenfalls mit den Ermittlungen im Mordfall betraut. Sie durchsucht seine Schreibtischlade und findet dort ein Haar, jenes Haar - das dieser dort vorsorglich für derartige Kontrollen hinterlegt hat. Dies läßt sie in einem Quicktestlabor für Genproben testen und stellt fest, das Haar stammt von

---

[5] Um Verwirrungen zu vermeiden, wird in weiterer Folge unter Eugene der Identitätslieferant Jerome Eugene Morrow, von Jude Law gesielt, verstanden.
[6] Die Hauptperson, gespielt von Ethan Hawke, wird in weiterer Folge Vinzenz genannt, wenn sich der Film auf die Zeit vor seinem Eintritt in die Welt von Gattaca bezieht, Jerome, wenn es sich auf sein „valid"- Alter Ego in dieser Welt verweist. Irene, die weibliche Hauptrolle wird von Uma Thurman verkörpert.

Jerome Morrow. Dessen Unschuld ist für sie damit bewiesen, was sie sichtlich erleichtert, da sie sich für ihn zu interessieren scheint. Beide kommen sich im Laufe der weiteren Handlung näher und verabreden sich zu einem Abendrendezvous. Dabei eskaliert die Situation; die Ermittler stören das Tête-à-tête der beiden innig tanzenden Jerome und Irene in einer Bar. Durch die Angst von Vinzent entdeckt zu werden stürzen sich Hals über Kopf durch einen Seitenausgang in das Dunkel der Nacht. Der Inspektor, sich unbeobachtet fühlend, ruft Vinzenz Namen, verstummt aber beschämt, als er seine untergebenden Polizisten neben sich entdeckt. Die beiden können flüchten, Vinzenz übersteht zwar unentdeckt eine Straßensperre, verliert dabei aber seine Kontaktlinsen, ohne die er seine Umwelt nur in verschwommenen Schemen wahrnehmen kann. Irene parkt ihr Auto auf der Pannenspur einer sechsspurigen Straße, und schlängelt sich behende durch den tosenden Verkehr auf die andere Straßenseite. Der scharfen Sicht beraubt, zögert Vinzenz lange, ehe er durch den lebensgefährlichen Verkehr tappt. Vinzenz gelingt es am darauf folgenden Tag, einen Bluttest zu überstehen - eine Probe direkt aus der Oberarmvene - der gesuchte Invalid wird nicht gefunden. Verbissen ordnet der Inspektor abermals einen Test an, den dieser selbst überwachen will. Panisch flüchtet Vinzenz von der Firma und informiert Eugene, daß dieser nun sich selbst spielen muß. Der Inspektor zwingt Irene ihm den Weg zu Eugenes Haus zu zeigen, dieser öffnet den Beiden. Irene ist völlig verwirrt, statt des erwarteten Jerome jemand völlig Fremden vorzufinden, Eugene. Ausgenommen ihr selbst scheint niemand die rasche Veränderung der Person Jerome zu stören, der Test ergibt, wie könnte es anders sein, Eugene ist Jerome. [Hier verletzt der Film die Handlungslogik, denn wie sich später herausstellen wird, handelt es sich bei dem Inspektor um niemand anderen als Vinzenz leiblichen Bruder Anton; und der muß den physischen Unterschied zwischen den beiden merken]. Trotzdem bleibt der Inspektor mißtrauisch; er will das Haus untersuchen. Er steigt langsam die Wendeltreppe hinab, was für beide fatal wäre, da sich im Erdgeschoß die Utensilien für Vinzenz Personenveränderung befinden. Das Telephon hält ihn aber davon ab, der wahre Mörder sei gefunden, berichtet sein ermittelnder Detektiv am anderen Ende der Leitung. Der Täter ist der nachfolgende Direktor, ein glühender Verfechter der Titan- Mission, die sein Vorgänger einstellen wollte. Irene ist nun konfrontiert mit zwei Jeromes, und flüchtet verwirrt aus dem Haus. Vinzenz eilt in die Firma, und stellt dort den Inspektor, seinen eigenen Bruder Anton, zur Rede. Sie schwimmen um die Wette, Anton muß erkennen, daß der Wille Vinzenz bei weitem seinen eigenen Ehrgeiz übersteigt. Der große Tag des Abfluges bricht an, Eugene eröffnet Vinzenz, er gedenke ebenfalls, sich auf Reisen zu begeben und hat für ihn Proben hergestellt, die für eine lange Zeitspanne reichen sollten. Kurz vor dem Einstieg in das Schiff hält ihn noch einmal Lamar, der Arzt für eine letzte Stichprobe zurück. Vinzenz ist darauf nicht vorbereitet und muß nun eine eigene Harnprobe abgeben. Dem Arzt scheint der gesuchte Name Vinzenz auf dem Testschirm nicht zu stören, er gibt seinem Gegenüber zu verstehen, daß er schon die ganze Zeit von seinem Versteckspiel gewußt, aber nie eingegriffen hat, da er selbst Vater eines „Invalid" Sohnes ist. Während Vinzenz nun seinen Lebenstraum verwirklicht, und als Raumfahrer ins All fliegt, opfert sich Eugene für seinen Freund. Er begeht

Selbstmord und überläßt damit Vinzenz seine ganze physische Existenz.

Dramaturgische Analyse

Gliederung des Films

Die Gesamtlänge des Filmes beträgt 98'25" und liegt damit ziemlich nahe am durchschnittlichen Mittel von modernen Spielfilmen mit einer Länge von 100 Minuten. Auffällig dabei ist, der Film läßt sich relativ eindeutig in fünf große Blöcke, in fünf Akte, unterteilen - eine Einteilung, die sich an die traditionelle Akteinteilung der Theaterdramaturgie anlehnt. Beachtenswert ist die zeitliche Organisation der Filmzeit für die jeweiligen Blöcke. Zur besseren Übersicht stelle ich dem absoluten Zeitmaß in Minuten und Sekunden den Anteil in Prozent, im Verhältnis zur gesamten Filmdauer, gegenüber:

PROLOG, ANFANGSMONTAGE – dieser stimmt den Zuschauer visuell und textuell durch die eingeschobenen Zitate auf den Film ein.

EXPOSITION – definiert die Hauptperson Jerome sowie den Ort der Handlung, das Weltraumschulungszentrum Gattaca. Die Einleitung wird durch die Auffindung der Leiche des Direktors beendet, das gleichzeitig den Beginn der eigentlichen Handlung markiert.

FLASHBACK – erweitert das, für den Film nötige, Hintergrundwissen. Vincent/Jerome „erzählt" aus der Ich-Perspektive seine bisherige Biographie und gibt Einblick in den Stand der Gesellschaft.

HAUPTTEIL ODER KONFRONTATION[7] – die eigentliche Geschichte des Filmes.

EPILOG – die Würfel sind bereits gefallen, Vincent steigt in das Raumschiff und sinniert über die zurückgelassene Erde nach.

Akt	Dauer	Prozentanteil
Prolog	0:03:36	3,7%
Exposition	0:04:41	4,8%
Flash-Back	0:23:51	24,2%
Hauptteil	1:03:30	64,5%
Epilog	0:02:47	2,8%

Auffallend ist die Verteilung zwischen dem Hauptteil, der naturgemäß den größten zeitlichen Rahmen einnimmt, und dem Flash-Back. Dessen Länge von mehr als 23' zeugt von der Notwendigkeit, sehr viel Information dem Zuseher im Voraus zukommen zu lassen. Nachdem der Flash-Back strenggenommen nicht zur eigentlichen Filmhandlung zählt (wie wir noch genauer behandeln werden) widmet sich ca. 1/4 der Filmzeit nicht der Erzählung der Handlung, sondern kann als Zustandsbeschreibung der zukünftigen Welt gelesen werden, freilich ist diese Schilderung mit handlungsrelevanten Elementen besetzt. Daran läßt sich schon im groben Überblick erkennen, welchen Stellenwert die entworfene Welt für die Regie einnimmt.

---

[7] nach Fields, Syd; Drehbuch

Vorspann und Titel
Zu Beginn des Filmes werden Hautpartikel, Haar- und Bartteile in extremer Vergrößerung dargestellt. Sie erscheinen riesenhaft, Haare werden zu Baumstämmen, Kopfhautteile zu Panzerschuppen. Auf der Tonseite wird dieser merkwürdige Eindruck der Vergrößerung durch bombastische Töne der landenden Partikel unterstützt. Die Übersteigerung dient zur Lenkung der Aufmerksamkeit des Rezipienten; die kleinen Teile des menschlichen Körpers verraten in der Welt von Gattaca alles über die jeweilige Person. Ein einzelnes, gefundenes Haar kann nicht nur die Identität des ehemaligen Trägers verraten, sondern bietet nach eingehender genetischer Analyse sogar Aufschluß über dessen Neigungen, Dispositionen und Schwächen. Der DNA- Abdruck aus jedem Haarteil ist also präziser als jeder heutige Fingerabdruck. Dem Zuschauer wird durch die makroskopische Vergrößerung der Haar- und Hautteile eindringlich signalisiert: Achtung, die Haare und Hautschuppen sind in dieser Welt von herausragender Wichtigkeit, dies ist ein optisches Ausrufezeichen.

Die Schriftsetzung des Titels hebt einen weiteren Haupt-Aspekt des Filmes hervor; durch zeitliche Verschiebung werden die vier Buchstaben des genetischen Alphabets A,C,G,T (Abkürzungen für die vier Grundbasen des Erbmaterials Adenin, Cytosin, Guanin, Thymin) hervorgehoben, sie erscheinen zuerst, während die restlichen Buchstaben mit Verzögerung folgen. Bevor der eigentliche Film beginnt, wird auf die eigentümliche Welt der Genomwissenschaft hingewiesen. Relativ unspektakuläre Untersuchungsobjekte, die aber zu spektakulären Ergebnissen führen – eine vollständige Beschreibung eines Menschen mitsamt seiner psychischen Eigenschaften. Gleichzeitig wird das Alphabet jener Geheimwissenschaft vorgestellt, in der die Wissenschaftler untereinander kommunizieren: die Initiale der vier Basen jener Nukleinsäure, welche integrale Bestandteile des Genoms sind.

Die Anfangsmontage inklusive Titel findet ihr Vorbild im Cover eines Buches; in der Hauptsache soll diese, neben der Publizierung der wichtigsten Namen, die am Zustandekommen des Filmes beteiligt waren, die optischen und akustischen Sinne auf die folgende Handlung vorbereiten und einstimmen. Die Bildmontage zeigt im weiteren Verlauf der Titeleinblendungen die Morgenwäsche und die Vorbereitung Jeromes für seinen Arbeitstag. Die Sterilität des Badezimmers und die unverhältnismäßigen Gerätschaften, die Jerome für seine Morgentoilette verwendet, lassen eine außergewöhnliche Geschichte vermuten, die hier erzählt werden wird. Den Sinn dieser seltsamen Handlungen kann der Rezipient noch nicht enträtseln, aber es wird bereits visuell auf diese, wie das Festbinden eines Urinsackes am Unterschenkel und das Herstellen einer künstlichen, mit Blut befüllten, Fingerkuppe hingewiesen. Im Laufe der Filmhandlung wird der Zweck dieser Handlungen erklärt, weil aber der Zuseher diese seltsamen Tätigkeiten schon einmal gesehen hat, kann er schneller die bereitgestellten Informationen aufnehmen und verstehen, da die Wiederholung des bereits Gesehenen die Handlung nicht mehr fremdartig erscheint → Wiederholungseffekt. Diese Handhabe, filmrelevante Informationen bereits in den Vorspann einzustreuen, bietet mehrere Vorteile: Die kostbare Filmzeit wird sehr ökonomisch behandelt, indem man auf redundante, reinoptische Bilderfolgen verzichtet; gleichzeitig wird Langeweile verhindert, da bereits Handlung erzählt und dadurch Spannung induziert wird. Ziel ist es, die Zuschauer möglichst von der ersten Sekunde an zu fesseln. Aufgrund neurophysiologischer Studien[8] hat man festgestellt, der visuelle Gesichtssinn ist, gegenüber dem akustischen und dem olfaktorischen Gesichtssinn, in der auslösenden Reaktion der schwerfälligste. Appeldorn[9] zieht daraus den Schluß, die beiden reaktionsschnellen Sinne sollten im Vorspann zuerst angesprochen werden, um die volle und ungeteilte Aufmerksamkeit des Rezipienten zu erzielen. In unserem Fall läßt sich diese Beobachtung verifizieren; der bombastische Sound nimmt in seinem plötzlichen Auftreten den Gehörssinn komplett in Beschlag; der olfaktorische Sinn wird durch die übergroßen, unbekannten Formen indirekt angesprochen. Diese induzieren aufgrund ihrer Größe und ihrer abstrahierten Darstellung eine Geruchsvorstellung, da der Mensch schon als Kind gelernt hat, unbekannte Dinge über ihren Geruch kennenzulernen. Man kennt diesen Vorgang bei Kleinkinder, die, ihnen unbekannte Objekte, zu allererst in den Mund nehmen, um sie zu „erschmecken". Das Kino bedient sich des Geruchs-

---

[8] Der akustische Sinn des Menschen reagiert äußerst sensibel auf unbekannte, plötzlich und abrupt auftretende Geräusche, da diese in nomadischer Vorzeit ein herannahende Raubtier oder sonstigen Feind vermuten ließen, und somit deren Beachtung einen eminenten Überlebensvorteil darstellten. Der Geruchssinn war von ebenso hoher Importanz, da er Beutetiere anzeigte, und Aufschluß über die Bekömmlichkeit einer Speise zuließ; wobei der Geschmackseindruck süß meist als sehr bekömmlich eingestuft wurde und bitter als giftig oder ungenießbar. Zu den unterschiedlichen Verarbeitungsgeschwindigkeiten der einzelnen Gesichtssinne siehe: Ernst Pöppel, Lust und Schmerz, Goldmann 1995

[9] Appeldorn, Handbuch für Film und Fernsehen, 2001 TR- Verlags Union, 5. Aufl.

sinnes über die Induktion des visuellen Sinnes, da die Leinwand diesen Gesichtsinn nicht bedienen kann. (Obwohl es durchaus Versuche in die Richtung des Geruchskinos gegeben hat![10]) Die Sequenz der Titel schließt mit einer Außentotale der Weltraumfirma Gattaca, es wurde also erzählt: Ein junger Mittdreißiger der Oberschicht bereitet sich auf wunderliche Art für seinen Arbeitstag in einer bestimmten Firma vor.

Exposition und Flash-Back
Die Exposition bildet im zeitlichen Kontinuum nicht den Beginn der Erzählung, obwohl der Film mit dieser beginnt. Die eigentliche Vorgeschichte wird im Flash-Back erzählt, ist aber, im vorliegenden Fall, nach der Exposition geschnitten. Das heißt: der Zuschauer folgt dem Zeitkontinuum der Erzählung eigentlich erst mit Beginn des Hauptteiles, vorher wird er immer wieder aus dem linearen zeitlichen Verlauf herausgerissen. (Der Prolog ist zeitlich nicht definiert, er gehört zur Einleitung, in der Vincent in der Reinigungskammer sitzt und verräterische Haut- und Haarspuren beseitigt.) Die Einleitung führt nun die Hauptperson „Jerome" ein, (nicht aber Vincent - dies geschieht erst im Flash- Back, d.h. die Dualität der Hauptperson wird erst im Flash-Back offenbart) sowie die Orte der Handlung, die Raumschule Gattaca und die Wohnung Eugenes.

Als räumlicher Handlungsort wird der Innenraum von Gattaca etabliert, bei der Gelegenheit zeigt die Leinwand die Uniformierungstendenz der Arbeiter. (Rekurriert auf die Uniformierungstendenz autoritärer Systeme, wie Militär etc.) Jerome

---

[10] Im Sommer 2001 gab es einen Geruchskinoversuch in München, der aber nach einhelliger Meinung der Presse ein Reinfall war.

passiert die Schranke mit einer speziellen Fingerkontrolle, bei der eine Nadel in die Fingerkuppe des zu Testenden sticht und einen Tropfen Testblut entnimmt – der Rezipient kann die Vermutung anstellen, welche Verbindung das morgendliche Ritual des Anklebens der künstlichen Fingerkuppe, mit diesem Vorgang hat. (In dieser Phase des Films wird noch nichts explizit erklärt, nur das spezifische Handlungsfeld wird durch den Wiederholungseffekt in der Aufklärungsphase erweitert.) Jerome setzt sich an eine Computer- Workstation und beginnt mit einem Mirkostaubsauger die Tastatur zu reinigen → Sauberkeitstick der Hauptfigur, zu diesem Schluß muß der Rezipient mit all seinen bisherigen Informationen kommen. Der Direktor tritt zu ihm und spricht den Sauberkeitstick an; im Laufe des Gesprächs erfährt der Zuschauer, daß der Held für eine wichtige Mission zum Planeten Titan (13. Mond des Saturns) als Navigator auserkoren wurde. Bevor Jerome seinen Arbeitsplatz verläßt, entnimmt er seinem Ärmel verstohlen ein kleines Glasfläschchen, öffnet dies, und leert ein weißes Pulver über die Tastatur. → Untergraben des Sauberkeitsticks - Verwirrung, „etwas ist da faul". (Steigerung der Spannung). Die Abgabe der Harnprobe liefert keine neuen Informationen, die Szene dient zur Einführung der etwas seltsamen Testmethode und vor allem des Wissenschaftlers Lamar, ein vermeintlicher Kollaborateur, der sich gegen Ende des Filmes als Unterstützer von Vinzenz herausstellt. (Als Verbindung dient dabei der ständige Verweis Lamars auf dessen Sohn). Anschließend steht Jerome im Foyer des Gebäudes und beobachtet die startende Rakete, eine junge Frau, Irene, nähert sich diesem von hinten, und benachrichtigt das Publikum über seine Angewohnheit, allen Raketen nachzusehen.

Damit haben wir alle Ingredienzien des Filmes zusammen, ohne jedoch das dramatische Gefüge zu erkennen. Folgerichtig schließt die Exposition mit der nächsten Sequenz ab, in der Jerome zufällig an jenem Ort gerät, an dem das Mordopfer in seiner eigenen Blutlache liegt. Dabei referiert er über sich selbst – der Klang seiner Stimme ist mittlerweile eindeutig mit seiner Person identifizierbar – in der dritten Person; die Irritation löst sich in der Aussage: »There is nothing remarkable in the progress of Jerome Morrow, except that I am not Jerome Morrow.«[11] Sein Gesicht verliert sich in der Unschärfe und der Flash-Back beginnt.

Die Exposition etabliert das Idealbild der Hauptfigur, das Vinzenz zwar anstrebt, aber niemals erfüllen kann, da dies ja nur Produkt des gesellschaftlichen Wollens ist. Dem Zuschauer ist diese Dichotomie noch nicht klar, er identifiziert das Wunschbild „Jerome" mit der eigentlichen Hauptfigur, erst nach dem Flash-Back kann der Zuschauer die wahren Zusammenhänge erkennen. Wenn wir uns die Exposition wegdenken, d.h. der Film würde mit der Kindheit und Jugend Vinzenz beginnen, dann würde dem Rezipienten das Problem zwischen der von der Gesellschaft geforderten Kunstfigur Jerome und dem tatsächlichen Menschen Vinzenz nur schwer klar werden. Erst die Gegenüberstellung: ich sollte eigentlich so sein, um von der Gesellschaft anerkannt zu werden, kann dies aber kraft meiner Geburt nie erreichen, wird die ganze Tragik der Figur greifbar. Die Off-Stimme fördert die Irritation zusätzlich: die Stimme gehört offensichtlich zur Figur, die zu sehen ist. Diese redet über sich selbst, aber nicht wie man er-

---

[11] Niccol, Gattaca – Drehbuch, S.10/119

warten würde, in der persönlichen „ich- Form", sondern in der unpersönlichen dritten Person. Nur schizophrene Menschen sprechen über sich selbst in der dritten Person oder eben Menschen, die ein exzessives Rollenverhalten aufweisen, welches nach Auslöschung der eigenen Person trachtet. Dem Zuschauer wird auf der visuellen wie auch auf der textuellen Ebene suggeriert, die sichtbare Figur Jeromes sei nur eine Fassade, hinter der sich eine andere, verborgene Existenz verberge.

Der Flash-Back beginnt mit der natürlichen Empfängnis und Geburt von Vinzenz und erzählt von seiner benachteiligten Kindheit. Sofort nach der Geburt wird, aufgrund seiner Herzschwäche, eine begrenzte Lebenserwartung bestimmt. Als Gegenpart zu Vinzenz lassen sich seine Eltern einen zweiten Sohn von Genetikern designen. Dieser ist, im Gegensatz zu Vinzenz, es wert, den Namen des Vaters zu tragen.[12] Der Konflikt zwischen genmanipuliert- idealen und natürlichen Menschen wird, stellvertretend für die gesamte Gesellschaft, in der eigenen Familie ausgetragen, die Dramatik wird dadurch deutlich gesteigert. Als optisches Symbol für den Konkurrenzkampf der beiden Brüder dient eine Leiste mit Zentimeterangaben der Kinder, in der Anton seinen älteren Bruder rasch überholt hat. Vinzenz erläutert, er hätte schon sehr früh davon geträumt, als Raumfahrer in die Weiten des Alls zu fliegen, weil er sich auf der Erde nicht wohlfühlen würde. Ein jugendlicher Schwimmwettkampf der beiden Brüder nimmt eine Schlüsselrolle für den weiteren Verlauf der beiden ein. Obwohl bei weitem unterlegen, gelingt es Vinzenz, seinen Bruder

---

[12] vgl. dazu Geburtsszene von Vinzenz

zu besiegen und sich selbst genügend Selbstvertrauen einzuflößen, um seinen Traum zu erfüllen. »The impossible happened. This was the moment that made everything possible. Anton was not so strong as he belief and I was not as weak.«[13] Vinzenz beginnt nun seinen Weg zu gehen. Die nächste wichtige Information, mit der uns der Flash-Back beliefert, betrifft den Umwandlungsprozeß von Vinzenz in den Gattaca- Navigator Jerome. Dabei lernen wir Eugene, den Lieferanten der Alter Ego- Identität von Vinzenz kennen. Die Ausgangslage, sowie alle nötigen Hintergrundinformationen wurden dem Zuschauer mitgeteilt und der Flash-Back endet mit jenem Bild, von dem dieser ausgegangen ist; aus der Unschärfe zur Großeinstellung des Gesichtes von Jerome. Damit wird kamera- und bildtechnisch die optische Klammer des Flash-Backs geschlossen.

Der Flash-Back dient vor allem dazu, alle filmrelevanten Informationen dem Publikum mitzuteilen, damit ein vollständiges Verständnis des weiteren Verlaufes ermöglicht wird. Gleichzeitig werden alle Konflikte, die sich in der Haupthandlung entwickeln werden, bereits in dieser Phase angelegt. Aus Gründen der Zeitökonomie können nur sehr beschränkt Personen und Konflikte, in der Phase der eigentlichen Handlung, neu eingeführt werden. Die zur Erklärung benötigte Zeit hemmt den Fluß der Handlung und wirkt sich daher sehr störend auf den Spannungsverlauf aus. Außerdem würde eine derartige Praxis schnell zur Unübersichtlichkeit führen, was die Perzeption einer Filmhandlung ebenfalls behindert. Filme mit hohem Tempo lassen dem Zuschauer wenig Zeit, das ge-

---

[13] Niccol, Gattaca- Drehbuch, S. 23/119

sehene zu verarbeiten und zu hinterfragen, permanent wechseln Aktionen und Reaktionen der handelnden Figuren einander ab. Damit der Betrachter den Faden nicht verliert und er möglichst viel von der Handlung versteht, müssen die Ereignisse leicht zu dechiffrieren sein. Bereits am Anfang des Filmes sollten sich die wichtigsten dramatischen Elemente zu einem Grundgerüst im Kopf des Rezipienten zusammenfügen lassen, damit dieser eine grobe Übersicht gewinnen kann. Der Psychologe Mikunda bezeichnet die rohe Übersicht des Grundgerüstes mit dem Begriff: Brainscript: »Es sind erlernte Handlungsmuster, die von Signalen aufgerufen werden und aus beziehungslos nebeneinander stehenden Informationen in unserem Kopf eine sinnvolle Handlung zusammenkonstruieren.«[14] Auf die Welt des Filmes umgelegt, bedeutet dies, der Zuschauer entwirft in den Anfangsminuten der filmischen Handlung eine geistige Landkarte, in der die Personen und deren Beziehungen untereinander verzeichnet sind. Mit diesem Orientierungsplan gelingt es ihm, sich mühelos in den rasch wechselnden Schauplätzen zurechtzufinden, sofern sich die geistige Landkarte nicht ändert. Die Aufgabe der dramatischen Handlung im Flash-Back definiert sich durch die Vervollständigung der Kopflandkarte der Exposition, in welcher die Hauptperson und die Orte der Handlung festgelegt wurden.

Wendepunkt und Motiv der Hauptfigur
Die Haupthandlung ist bruchlos zeitlich in sich geschlossen. Sie umfaßt die letzten sieben Tage vor dem geplanten Start der Raumfähre, welche Vincent ins All bringen soll. Sie ist

---

[14] Mikunda, Der verbotene Ort, S. 16

zeitlogisch der direkte Anschluß an die Einleitung. Die Leiche wurde entdeckt, Jerome betrachtet sie und verliert dabei eine Wimper. Dies ist in einer ‚Schärfenverlagerung im Nahbereich' zu sehen, um die Wichtigkeit des Ereignisses optisch zu unterstreichen. Dem Zuseher wird das Gefühl suggeriert, das verlorene Haar werde Jerome enttarnen, und würde damit den nötigen Beweis für seine Schuld am Mord des Direktors liefern. In dieselbe Richtung stößt die weitere Entwicklung der Handlung. An dieser Stelle scheint mir ein kurzer dramaturgischer Exkurs notwendig, damit die wichtigsten Begriffe aus der Dramaturgie für die anstehende Diskussion definiert werden können.

Exkurs: Dramaturgie
Das Verlieren des Haares markiert also einen herausstechenden Punkt innerhalb der Filmhandlung, der so markant und ebenso häufig auftritt, sodaß dieser mit einem eigenen Terminus bezeichnet wurde. Syd Field, (der Papst unter den Drehbuch-Lehrern) identifiziert diesen als „Plot- Point 1." »Ein Plot- Point ist ein Vorfall oder Ereignis, das in die Geschichte eingreift und sie in eine andere Richtung lenkt.«[15] Schon früher hat man die Wichtigkeit dieser dramaturgischen Wendung erkannt. Aristoteles definiert, innerhalb des Theaters, denselben dramatischen Moment mit dem Begriff Peripetie: »Peripetie ist, [...], der Umschlag dessen, was man tut in sein Gegenteil, nach Wahrscheinlichkeit oder Notwendigkeit.«[16] Daraus kann man erkennen, wie früh die wesentlichen Punkte der Dramaturgie erkannt worden sind, die im vorhellenistischen

---

[15] Field, Das Drehbuch in: Drehbuchschreiben für Film..., S. 12
[16] Aristoteles, Poetik, S.353

Griechenland ebenso wie in der heutigen Zeit Geltung besitzen. Dies verdeutlicht, wieviel die Filmdramaturgie der zur Entstehungszeit des neuen Mediums bereits voll entwickelten Theaterdramaturgie verdankt. Anhand von Shakespeares Hamlet kann man die Funktionsweise dieses dramatischen Umkehrpunktes gut verdeutlichen. Das Auftauchen des Geistes von Hamlets Vater kann als die oben genannte aristotelische Peripetie interpretiert werden. Mit dem Theoriewerkzeug Fields würde man dieselbe Handlung in einem Film als den Plot-Point 1 definieren, da der Geist des Vaters Hamlet in die Richtung seines weiteren Handelns weist. Field hat das bekannte Element aus der Dramentheorie entnommen und dies explizit der Filmdramaturgie hinzugefügt. Er spricht von einem feststehenden Paradigma, das aus Exposition, Plot- Point 1, Konfrontation, Plot- Point 2, Auflösung besteht[17].

Vincent mutiert ab dem Zeitpunkt zum Gejagten, der seine Verfolger nicht kennt. Hier setzt die Geschichte ein. Zwei Detektive wollen die wahre Identität jenes Vincents aufklären, dessen Name sie durch die Genanalyse des gefundenen Wimperhaares herausgefunden haben. Das Wesen des Wendepunktes liegt darin zum einen, den weiteren Verlauf der Handlung festzulegen, die an diesem Punkt meist eine neue Richtung nimmt. (Daher der Name Wendepunkt). In diesem Fall eröffnet sich die Kriminalgeschichte, wer ist der eigentliche Mörder. (Obgleich diese Frage, genaugenommen, für den Film nebensächlich ist). Zum anderen soll er die Möglichkeit des Scheiterns der Hauptfigur aufzuzeigen und damit einen direkten Bezug der Handlung mit der dieser herstellen. Er of-

---

[17] Field, Das Drehbuch, S. 14

fenbart die unmittelbare Gefahr für die Figur, diese wird, ob sie will oder nicht, in die Geschichte mit hineingezogen. Es handelt sich hierbei meist um das 'Falltür-Konzept', die einmal zugeschnappt, sich nicht wieder öffnen läßt. Der Figur bleibt nur mehr die Richtung nach vorn, es gibt kein zurück.

Der Plot- Point darf aber nicht mit dem eigentlichen Motiv der Hauptperson verwechselt werden. Das Motiv von Vinzenz ist: 'Den Beruf des Raumfahrers auszuüben', um in den Weiten des Kosmos als natürlicher Mensch akzeptiert zu werden. Das Motiv bildet den Ariadne-Faden des Filmes. Dieses wird meist von einem Negativ- Attribut genährt, eine Fehlstelle auf der emotionalen Landkarte der Hauptperson; die filmische Erzählung strebt dergestalt ständig nach der Aufhebung dieser Leerstelle.

Davon setzt sich der Begriff der Kollision klar ab. Es handelt sich hierbei um Gegenbewegungen, die sich der motivischen Wunscherfüllung entgegensetzen, die äußeren Umstände kollidieren mit dem Interesse der handelnden Hauptfigur, daher der Name. Die Figur wird mit den Hindernissen konfrontiert, und reagiert darauf. Es lassen sich Kollisionsereignissen und -personen unterscheiden. Bei den Kollisionsereignissen handelt es sich meist um Deadlines, die von der höheren Gewalt der Natur gebildet werden.[18] (z.B. Wasserfälle in Flußläufen, Lawinenabgänge im Gebirge etc.) Kollisionen sind in der Filmhandlung essentiell, da sie die Geschichte verzögern und somit garantieren, daß der Film auch tatsächlich 90' dauert, deshalb nennt man diese auch: retardierende Elemente. Gleichzeitig sind sie Spannungsträger, weil sie mit hochgradi-

---

[18] Bordwell, Classical Hollywood Cinema, S. 31

ger Unsicherheit besetzt sind. (Schafft er/sie die Überwindung oder nicht?) Kollisionspersonen sind meist Assistenzfiguren des zentralen Gegenspielers, die unvermittelt auftauchen, und nach deren Überwindung ebenso schnell wieder verschwinden. (In Actionfilmen verschwinden diese Figuren meist durch deren Ermordung). Markantes Kennzeichen der Kollisionsfiguren ist folgendes: sie tragen keine persönlichen Differenzen mit der Hauptfigur aus, sondern handeln nur als Werkzeuge im Zwiespalt von Gegenspieler und Hauptfigur. Bei konsequenter Anwendung des Definitionsunterschiedes zwischen Kollision und Konflikt (die Definition des Konfliktes folgt untenstehend), muß man auch den zentralen Gegenspieler als Kollisionsfigur betrachten, da der reine Konflikt der Hauptperson vorbehalten ist. Jedoch vermischen sich im zentralen Gegenspieler Kollisionsmomente mit den Konflikten der Hauptperson, bzw. bildet dieser die Reibungsfläche für dessen Konflikte, sodaß eine scharfe Trennung meist nicht sinnvoll ist. (Im Fall von Vinzenz, dessen Kampf für die Gleichberechtigung der humanen Menschen gegenüber der „valid"- Gesellschaft - vertreten durch Anton - als Thema verwendet wird.)

Konflikte hingegen sind nicht Ereignisse der Umwelt, die auf eine dramatische Figur treffen, sondern hierbei handelt es sich meist um Entscheidungsmöglichkeiten einer Figur, die mit verschiedenen Konsequenzen behaftet sind. Aus der gewählten Entscheidung leitet sich der weitere Handlungsverlauf ab und gibt, gegebenenfalls, der Handlung eine neue Wende. Das heißt, der Konflikt löst ein aktives Eingreifen der Figur in ihr dramatisches Schicksal aus, unabhängig davon, ob das bewußt geschieht oder nicht. Dabei sollten jene Momente für das Publikum ersichtlich und verständlich sein, um die Entscheidung der Figur nachvollziehen zu können. Der Konflikt ist der Hauptperson vorbehalten, wobei die Möglichkeit der Verknüpfung zwischen Konflikten von verschiedenen Figuren möglich ist. Dies tritt meist in kammerspielartig angelegten Filmen auf, wobei aber aus Gründen der Übersichtlichkeit die verschiedenen Konflikte hierarchisch – ausgehend von der Hauptperson – gegliedert werden sollten. Zur Veranschaulichung sei noch einmal auf das Beispiel aus Shakespeares Hamlet verwiesen. Sein schwelender Konflikt: die geforderte Ermordung seines Stiefvater durch den Geist seines Vaters, andererseits Hamlets Ungewißheit hinsichtlich der tatsächlichen Schuld von Claudius, ob dieser den Mord realiter begangen hat. Diesen daraus resultierenden Zweifel bezeichnet Rabenalt als den dramatischen Konflikt der Figur Hamlet.[19]

Zusammenfassend gesagt: das Motiv ist der geschichtsauslösende Impuls der Hauptperson, der meistens mit einem emotionalen Mangel in Verbindung steht. Aristoteles bezeichnet das Motiv als die Fabel der Geschichte und die Handlung als die Verknüpfungen der Begebenheiten[20]. In unserem Fall wird die Hauptperson nicht als vollwertiger Mensch akzeptiert und trachtet deshalb nach dem Weg zur eigenen Akzeptanz. Er träumt von einem Paradies außerhalb der Erde, in welcher weder rassische noch genetische Abstammung von Belang sind; das erklärt auch seinen unbedingten Wunsch, die Erde als Pilot verlassen zu können. Der Plot-Point hingegen bildet

---

[19] Rabenalt, Filmdramaturgie, S. 61
[20] Rabenalt, Filmdramaturgie, S. 67

einen Drehpunkt in der Filmhandlung, das Ende der Exposition und den Beginn der Handlung; der wiederum - und das ist seine zentrale Funktion - die Möglichkeit des Scheiterns der Hauptfigur aufzeigt und damit die Figur unwiderruflich mit der Handlung verbindet. Im diesem Fall droht dem Protagonisten ständig eine mögliche Enttarnung und damit seine Verhaftung, da die Verfolger ein gewichtiges Indiz gegen ihn in der Hand halten. Die Kollisionen sind nun die Störsender der Geschichte, welche die Hauptperson an der Erfüllung ihres Wunsches zu hindern versuchen und diese zu Reaktionen zwingen. Diese können von den handelnden Figuren oder auch von der Umwelt ausgehen. Konflikte sind Verzweigungspunkte in der Geschichte, die Figur muß sich aktiv zwischen verschiedenen Handlungsoptionen entscheiden. (Wahl der Alternativen).

Die dramatischen Konflikte im einzelnen
Wir haben im obigen Kapitel die Kollision als retardierendes Element definiert, welches die Wunscherfüllung der Hauptperson zu verhindern trachtet, ausgehend einzelnen Konflikten handelnder Personen. Die Erzählstruktur verwebt vier grundlegende Konflikte innerhalb der Geschichte miteinander. Der erste Erzählstrang betrifft das ungleiche Brüderpaar Vinzent und Anton, diesem liegt - als Archetyp - die biblische Erzählung der Brüder Kain und Abel zugrunde. Vinzenz nimmt dabei Rolle des menschlichen, „guten" Abels ein, der vom Clon-Kain[21] verfolgt und am Erreichen des Zieles gehindert wird. Vinzenz wirft seinem Bruder gegen Ende des Filmes vor: »Is that the only way you can succeed, Anton, to see me

---

[21] Seeslen, Traumreplikanten

fail?«[22] Der Bogen dieser Konkurrenz beginnt mit dem Zentimetermaßstab der Körpergrößen an der elterlichen Tür und spannt sich über die Schwimmwettkämpfe der beiden, bis hin zur zweiten Errettung Antons durch Vinzenz. Dadurch wird Antons widersprüchliche Haltung im Zusammenhang mit der Morduntersuchung verständlich. Er hat längst geahnt, daß es sich bei dem gesuchten „Invalid" Vinzenz um niemand anderen handeln kann, als seinen eigenen Bruder; gegenüber seinem Detektiv deckt Anton den Verdächtigen permanent. Er will diesen seinerseits aus den Fängen der Gerichtsbarkeit befreien, um damit eine alte Bringschuld zu begleichen. Deshalb ist er im jenem Moment, da sich der wahre Mörder offenbart, sichtlich enttäuscht. Nun bedarf Vinzenz seiner Hilfe nicht mehr, die Auseinandersetzung zwischen den beiden Brüdern eskaliert offen; Anton und Vinzenz schwimmen abermals gegeneinander, der jüngere Bruder muß die Willenskraft des älteren Bruders erneut grausam zur Kenntnis nehmen, und wird von diesem an Land gezogen. Damit schließt sich der Bogen der Kain- und Abelgeschichte, die im Unterschied vom biblischen Original, hier mit einem Sieg des älteren, humaneren Abels endet. Die Menschheit, (im Sinne der natürlichen Menschen, das kollektive „Wir" der Zuschauer) hat, trotz ihrer Schwächen und Unvollkommenheiten, gegen die Retorte und damit gegen die Technologie gesiegt. Die erste Drehbuchfassung streicht diesen Sieg der Menschheit durch Vinzenz noch deutlicher heraus. Dreimal wird die Filmerzählung von jener kurzen Szene in einem Pool unterbrochen, die Anton beim Schwimmtraining zeigen sollte. Damit wird die Vorbereitung

---

[22] Niccol, Gattaca - Drehbuch, S.107/119

Antons auf den letzten Schwimmwettkampf dokumentiert und mithin suggeriert, dieser habe sich auf den Wettkampf gut vorbereitet. Das würde wiederum den Sieg Vinzenz noch vergrößern, aber diese Szenen wurden für die Filmfassung nicht verwendet. Die Schwimmszenen, vor allem jene erste, in der Vinzenz den Sieg davonträgt, offenbart noch ein weiteres Motiv: die Abwandlung des bekannten David und Goliath- Motivs, freilich in die Zeit der Gentechnologie übersetzt. Der moderne Goliath überlebt den Sieg Davids und schwört ihm ewige Rache, von der Art, den überlegenen Gegner letztendlich doch aus einer tödlichen Gefahr zu retten und damit seine eigene Größe wieder herzustellen. Hierin findet sich Antons Motivation, die in der Filmfassung nicht sonderlich zur Geltung kommt: Anton muß seinen Bruder decken, damit er an ihm persönlich seine Schmach rächen kann.

Als weiteres strukturelles Prinzip steht die Freundschaft zwischen den beiden ungleichen Außenseitern Vinzenz und Eugene. Ersterer gilt kraft seiner illegitimen - weil natürlichen Empfängnis - als Abschaum der Gesellschaft. Eugene aber, der mit allen genetischen Vorzügen ausgestattete ehemalige Schwimmstar, zerbricht an der gesellschaftlichen Forderung nach absoluter Perfektion. Durch einen Unfall am Rollstuhl gefesselt, hat er keinen Platz mehr in der Sozietät der schönen und produktiven Menschen. Der Kontrast der beiden könnte nicht größer sein: Vinzenz, aus der Unterschicht kommend, ist hoffnungslos naiv, dafür aber offenherzig, willensstark und hilfsbereit. Er trifft auf Eugene, dieser kommt hingegen von der Oberschicht; ist kultiviert, hat Stil- und Geschmacksbewußtsein, zeichnet sich aber auch Dekadenz, Willenschwachheit, Zynismus aus und gibt sich insgesamt lebensüberdrüssig. Und doch, im Laufe der Erzählung nähern sich die beiden gegensätzlichen Charaktere aneinander an, bis hin zur Selbstaufgabe Eugenes für Vinzenz, durch dessen Selbstmord dargestellt. Eugene meint zu Vinzenz: »I got the better end of the deal. I just lent you my body - you lent me your dream.«[23] Um welchen Traum handelt es sich hier, der Eugene endgültig zu seinem Suizid bewegt? Vinzenz erklärt Eugene seine Motivation den Planeten zu verlassen mit folgenden Worten: »Just a few million years ago every atom in this hair—in our bodies—was a part of a star. I don't see it as leaving. I see it as going home.«[24] Eugenes Problem ist der Gegensatz zwischen seiner überragenden genetischen Disposition, die ihn zu einem Übermenschen stempelt und seinen persönlichen Niederlagen, wie kann er unter diesen Umständen weiterleben. Der sportliche Sieg und der gesellschaftlich- berufliche Erfolg wird Eugene nicht als persönliche Leistung zugeschrieben, sondern sie wird förmlich von ihm erwartet, alles andere ist eine Niederlage. In genau diese Niederlage ist Eugene auch geschlittert, nicht nur seine Lähmung hat ihn zum ewigen Verlierer abgestempelt, sondern auch seinen „nur" zweiten Platz im Schwimmwettbewerb betrachtet er als eine tödliche Niederlage, die ihn schon vorher psychisch das Rückgrad gebrochen hat »Wrong colour. It's silver«[25]. Die Arbeit für Vinzenz gibt dem niedergeschlagenen Eugene wieder eine Perspektive, sein Dasein hat dadurch erneut einen Sinn erlangt. Gleichzeitig versucht der Regisseur damit, das egoistische Verhalten

---

[23] Niccol, Gattaca - Drehbuch, S.114/119
[24] Niccol, Gattaca - Drehbuch, S.35/119
[25] Niccol, Gattaca - Drehbuch, S.30/119

von reinmaterialistischen Gesellschaften aufzuzeigen und zu kritisieren. Erst in der Niederlage ist ein Mitglied der Oberschicht bereit, einem anderen menschlichen Wesen aufopfernd zu helfen. Ansonsten gilt für diese Art der Gesellschaft: „jeder ist sich selbst der nächste". In diese Richtung ist der Suizid von Eugene zu lesen. Ihm ist klar geworden, daß sein Leben keinen Sinn mehr ergibt, aber sein Tod dem Freund eine große Hilfestellung bietet. Der Wandel, des auf sich selbst bezogenen Egoisten zu einem sich aufopfernden Altruisten, ist dadurch vollzogen.

Der Entwicklung der Partnerschaft, in Hinblick auf die Zukunft, ist ebenfalls ein eigener Strang gewidmet. Die Evolution fordert von Individuen, frei nach Darwin: das Ziel der Begattung ist die Wahl des bestmöglichen Partners; alles Lebende unterwirft sich diesem Naturgesetz, so auch der Mensch. (Dieser Grundsatz der Evolutionslehre ist in letzter Zeit häufig in Frage gestellt worden. Dies spielt bei der Betrachtung keine Rolle, da der Film ihn als gegeben hinnimmt.) Der Film visualisiert die obgenannte Partnerwahl mit folgender Szene: ein junges Mädchen eilt zu einer Gentest- Zentrale, und läßt eine Lippenprobe mit einem Wattestäbchen abnehmen; mit dem Ziel, den Jungen, den sie kurz vorher geküßt hatte, auf seine genetische Tauglichkeit hin, zu überprüfen. Das Ziel des Kusses ist damit nicht mehr der Austausch von Zärtlichkeiten, sondern die Möglichkeit eine Genprobe des möglichen Partners zu erhaschen. »I didn't blame them. You need to know if a prospective husband can qualify for a mortgage or life insurance or can hold down a decent job.«[26] Mit diesen Worten

---

[26] Niccol, Gattaca - Drehbuch, S.21/119

entschuldigt Vinzenz das Verhalten der Mädchen, die auf verschiedenste Weise ihre möglichen Partner untersuchen ließen. Dagegen steht die sich entwickelnde Liebe zwischen Vinzenz und Irene. Im Zuge der Ermittlungen im Mordfall, zu welche Irene als Assistentin hinzugezogen wurde, überprüft sie Jermones Arbeitstisch und findet dort ein Haar, welches dieser vorsorglich dort plaziert hat. Die anschließende Analyse ergibt natürlich, dieses Haar stammt von Eugene. Schuldbewußt beichtet sie tags darauf Jerome ihre Tat, und bietet im Gegenzug ihr eigenes Haar zur Überprüfung an. Jerome aber läßt dieses fallen mit dem Satz: »Sorry, the wind caught it«[27], obwohl offensichtlich kein Wind weht. Damit gibt er ihr zu verstehen, daß er an ihr als Person und nicht wie allgemein üblich, als Trägerin einer bestimmten Erbsubstanz interessiert ist; dieses Verhalten beeindruckt sie. Nach ihrer Entdeckung der wahren Identität von Jerome betreffend – der in Wirklichkeit Vinzenz, ein natürlich gezeugter Mensch ist und seine wahre Identität durch Vorspiegelung falscher Tatsachen verschleiert hat – lehnt Irene nun ihrerseits ein Testhaar von Vinzenz mit den gleichen Worten ab. Auch sie interessiert sich nicht für Vinzenz Erbanlagen, sondern für seine Person. Dahinter verbirgt sich Kritik an die materielle Sichtweise von Partnerschaften, welche Liebe auf neurochemische Begleiterscheinungen mit Ziel der optimalen Befruchtung[28] reduzieren

---

[27] Jerome, Gattaca, S.56/119
[28] Siehe dazu in Baker, Robin; Krieg der Spermien. Der Autor dieses Buches ist Biologe an der Universität von Manchester; er beschäftigt sich mit den Auswirkungen der Evolutionstheorie auf die menschliche Sexualität, und stellt dabei einige Dogmen der Sexualpolitik auf den Kopf, z.B. Monogamie; dabei wird der Mensch als willenloses Geschöpf angesehen, das von seiner Sexualchemie vollständig determiniert wird, mehr noch, Baker

will. Mehr noch, Irene erklärt sich bereit, auf Vinzenz zu warten, bis er seine Mission im All absolviert hat und zurückkehrt. Die Betonung liegt einmal mehr auf den Grundkonstanten des Filmes, den höheren Weihen der Menschlichkeit und der moralischen Integrität, welche letztlich über die glatte Perfektion der Technologie triumphieren werden.

Der vierte Erzählstrang wird von dem Motiv gebildet, das sich für europäische Ohren zutiefst nach amerikanischem Optimismus anhört, der im stehenden Satz „American way of life" sprichwörtlich geworden ist. Egal in welch mißlicher Lage der Held der Geschichte steckt, letztendlich gelingt es ihm doch, sein Ziel zu erreichen. Mithilfe eines unbeugsamen Willens und eines unerschütterlichen Glaubens, erreichte er das Unmögliche. Er schafft es, obgleich völliger Außenseiter, eine wichtige Mission als Navigator zu leiten und, was noch unwahrscheinlicher klingt, die körperliche Benachteiligung zu überwinden, seine Herzschwäche. Wir erinnern uns, der Routine- Check gleich nach Vinzenz Geburt, stellte diesem aufgrund einer Herzstörung eine Lebenserwartung von 30 Jahren in Aussicht. Die hat er eigentlich schon überschritten. Dieser Part nun ist nicht spezifisch für den vorliegenden Film, es handelt sich eher um ein genuin amerikanisches Motiv, das – wenngleich in unterschiedlicher Weise – von vielen Hollywoodfilmen behandelt wurde. Der Topos ist der schon erwähnte „American way of life", - vom Tellerwäscher zum Millionär. Im Unterschied zu „Matrix" ist zu folgendes bemerken,

---

rekurriert ein nicht näher bezeichnetes Wissen des Körpers, der den richtigen Zeitpunkt einer Schwangerschaft vorhersieht und damit teilweise gegen den Willen der Person handelt, d.h. der Mensch sei seiner Hormonchemie willenlos ausgeliefert.

der Held der Geschichte zweifelt ab seiner Initiation nicht am mehr Erreichen seines Zieles. Der Bogen dieses Erzählstrangs spannt sich vom Ausgangspunkt, dem jugendlichen Schwimmwettbewerb mit seinem Bruder bis hin zum Besteigen der Weltraumfähre. Vinzenz kommentiert diesen entscheidenden Schwimmwettbewerb als: »it was the moment that my brother was not as strong as he belief, and I was not as weak. It was the moment that everything made possible.« Sein Triumph über den vermeintlich übermächtigen Gegner bestätigte ihm im Glauben, sein Ziel erreichen zu können. Mithilfe seines unerschütterlichen Willens konnte er es schaffen, den wesentlich stärkeren Bruder zu besiegen. Also war auch ein Sieg über die übermächtige Gesellschaft möglich. Wie David, der stolz und entschlossen dem überlegenen Goliath entgegentritt, zieht Vinzenz in seine Mission; beiden gelingt das scheinbar unmögliche herbeizuführen, weil der jeweilige Gegner beide völlig unterschätzte. Der dramatische Verlauf dieses Bogens verläuft jedoch nicht bruchlos; als Jerome erkennt, daß eine Wimper seines Alter Ego Vinzenz im Firmengelände unweit des Ermordeten gefunden wurde, beginnt er sein Unternehmen anzuzweifeln. Eugene schafft es, ihn zu beruhigen und ihn von seinem Ziel wieder zu überzeugen, sodaß Jerome »as planned« weitermacht.

Fassen wir die dramatischen Verläufe noch einmal zusammen; wir haben vier verschiedene Stränge herauskristallisiert. Der erste betrifft nur die Hauptperson, und beschreibt den Weg von der Verliererfigur Vinzenz über die Kunstfigur Jerome hin zu jenem Ziel, das den Helden wieder zu Vinzenz, seinem eigentlichen Sein werden läßt. Das formulierte Ziel ist die Herstellung der vollständigen Integrität von Vinzenz, um zu beweißen, daß die natürlichen Menschen keinesfalls den genetisch veränderten unterlegen sind. Die Kunstfigur muß notwendig am Ende fallengelassen werden. Der Arzt spricht ihn kurz vor dem Start des Raumschiffes mit richtigem Namen an. Zu Beginn des Filmes wird klar gestellt, falls die Figur enttarnt wird, kann es zu keiner Lösung kommen. Die Handlung oszilliert nun zwischen den Möglichkeiten der Enttarnung und der Abwendung der Gefahr im letzten Moment. Dies ist der Garant für die Spannung im Film, denn der Zuschauer ergreift Partei für die Hauptperson und hofft, dieser möge seinen Wunsch erfüllen. Mit Fug und Recht können wir nun den Strang als die spannungs- und damit filmtragende Teilhandlung bezeichnen. Hier stellt sich nun eine wichtige Frage aus dem Gebiet der Wirkungsforschung: wie schafft es der Film, die Zuschauer für die Hauptperson Partei ergreifen zu lassen. In diesem Zusammenhang ist der Flashback von entscheidender Bedeutung. Die Hauptperson hat 5 Minuten Filmzeit, um die Sympathien der Rezipienten auf seine Seite zu bekommen. Sie erzählt in der „Ich"- Form, und spricht somit die Rezipienten direkt an. Außerdem hat sie ihr Leid nicht selbst verschuldet – Vinzenz ist im wahrsten Sinn des Wortes unschuldig wie ein Kind an der Ausgrenzung durch die Gesellschaft, und zeigt überdies noch die Bereitschaft, für die Verbesserung seiner Situation zu kämpfen. Dazu kommt noch die Geringschätzung seines Vaters und seines Bruders, das Aschenbuttel-Motiv, die ihm zusätzliche Sympathien von seiten der Außenstehenden einbringt. Hierfür lassen sich Parallelen in sehr vielen Märchenerzählungen und Volkssagen finden, die mit ähnlichen Motiven operieren. In Rekapitulation, Träger der

Sympathie für die Hauptperson sind: persönliche Ich-Form, ungerechtfertigte Vorverurteilung, Bereitschaft an der gegebenen Situation etwas zu ändern, Aschenbuttel-Motiv. Dadurch sind der Hauptfigur Affirmation und positive Gefühle seitens des Auditoriums sicher.

Die anderen, besprochenen Teilhandlungen ergeben sich aus der Interaktion der Hauptfigur mit seiner Umwelt, deren Verlauf naturgemäß ein anderer ist. Das Liebes- und das Freundschaftsmotiv bewegen sich von beginnender Scheu im ersten Fall bzw. Abneigung im zweiten zur völligen Hingabe. Wir haben festgestellt, daß Irene den Gen-Test von Vinzenz ablehnt, ebenso fragen die beiden Freunde Eugene und Vinzenz am Schluß nicht nach den Motiven des jeweiligen endgültigen Abschiedes (was beide wissen). Der Verlauf der beiden Teilhandlungen kann also beschrieben werden, von anfänglicher Negation zu einer aufopfernden Affirmation der Nebenfiguren in Beziehung zur Hauptperson.

Folgend eine Erklärung der wichtigsten Begriffe, die im Film verwendet werden, sie geben Aufschluß über das Wesen des bezeichneten Signifikats.

Eugenik: [zu griech. eugenes= wohlgeboren, von edler Abkunft] Erbgesundheitsforschung, und -lehre mit dem Ziel, erbschädigende Einflüsse und deren Verbreitung zu verhindern.[29] Der Name Eugen (von griechisch = schön) bezeichnet in diesem Zusammenhang einen Menschen, der durch die Gesetze der Eugenik entstanden ist, d.h. durch bewußte, von

---

[29] Duden, Worterklärung Eugenik, 1983

Menschenhand hervorgerufene Zucht des Menschen entstanden. (Daher der Zweitname Eugene)

Gattaca: Kunstwort, Name der Raumbehörde, in der Jerome arbeitet. Gebildet aus den vier Buchstaben des genetischen Alphabets, A (Adenin), G (Guanin), C (Cytosin), T (Thymin), gebildet jeweils aus dem ersten Buchstaben der vier Basen, welche die DNA aufbauen. Dies beschreibt sehr eindringlich, was eigentlich in der Weltraumbehörde wirklich zählt, nur das Genmaterial, nicht aber die Person der angestellten Arbeiter.

Die Filmvision artifizieller Mensch

Die Vision und die Realität

Der Film entwirft eine phantastische Utopie, die aber mit den realen Gegebenheiten der rezenten Geschichte verhaftet sind; hier soll untersucht werden, an welche Probleme der zeitgenössischen Gesellschaft die kritisierten Zustände des Filmes anknüpfen. Der Hauptkritikpunkt der filmischen Erzählung kulminiert in der strikten Trennung der „Zwei-Klassengesellschaft", der „valids"- also der geklonten und der „invalids" der natürlichen Menschheit; wobei Anklänge an rassistische Systeme natürlich bewußt angelegt wurden. War einst die Gesellschaft in eine überlegene weißer Rasse und unterlegene schwarzer Rasse subdividiert[30], so wird im vorlie-

---

30 natürlich lassen sich auch im 21. Jh. noch rassistische Tendenzen feststellen, obwohl diese Art des Rassismus mit dem Ende der Rassenunruhen in den USA offiziell als überholt gelten, die Aufstände in Los Angeles von 1992 bei denen 58 Menschen ums Leben kamen, legen dafür beredtes Zeugnis ab. Als entscheidender Punkt gilt hier, rassistische, auf die Hautfarbe rekurrierende Diskriminierung gilt zur Zeit in den USA als politisch verpönt, obwohl real existierend, das Diskriminierungsprogramm der "valids" erfreut sich dagegen der breiten gesellschaftlichen Akzeptanz.

genden System zwischen artifiziell und natürlich unterschieden. Formuliert wird, anhand zweier exemplarischer Schicksale, die Entwicklung einer Gesellschaft im Zeitalter der technischen Reproduktion und Konfiguration von Menschen. Die beiden Brüder Vinzenz, der „natürliche" und Anton, der „künstliche" sind stellvertretend für die beiden möglichen Typen der humanen Existenz. Der Typus des künstlichen Menschen wird seinerseits in zwei unterschiedliche Charaktere unterteilt, die konsequenterweise von zwei verschiedenen Schauspielern dargestellt werden. Die gute Seite des „künstlichen" Bruders fällt Eugene, dem artifiziellen Zwilling von Vinzenz zu, während der „böse" Part vom Bruder Anton personifiziert wird. Postuliert wird eine Entwicklung, die zwangsläufig zur Diktatur führt; diese ist aber nicht politischer (Politik wird mit keinem Wort erwähnt), sondern sozialer Art. Es entsteht ein Handlungsdruck auf die Eltern, ihre Kinder - so sie eine reale Chance am Arbeits-, bzw. Liebesmarkt haben wollen - klonen und gentechnisch verändern zu lassen. Der Mensch als solcher erfährt eine Versachlichung seiner selbst, da nicht sein Wesen von Interesse ist, sondern sein ursprünglicher Bauplan. Zum zweiten, wird der Mensch auf seine zukünftigen beruflichen Aufgaben hin gezüchtet, z.B. werden einem Embryo sechs Finger pro Hände geschaffen, damit er als werdender Pianist sein Spielrepertoire entscheidend erweitern kann; Embryonen, denen man eine Karriere als Sportler zuspricht, werden mit einer Speziallunge konstruiert. Die Aufgabe, (das Berufsfeld) erschafft den Menschen, nicht umgekehrt. Dies sind die Kernthesen des Filmes. Die Möglichkeit, einer solchen soziologischen Entwicklung, wird auch von führenden Biowissenschaftlern gesehen, und sie warnen eindringlich davor:

[...] Umgekehrt kann man nicht stark genug vor einem „großen Diktator" warnen, der vielleicht eines Tages einen genetischen Normaltypus definiert, der dann als Maß für die große Masse der Bevölkerung dient. Die Konsequenzen für die Betroffenen wären schrecklich. Es wäre ein neuer Rassismus, vielleicht ein Rassismus einer neuen Art, emanzipiert von den Unzulänglichkeiten des älteren Modells, zugeschnitten auf unsere Zeit der Überbevölkerung.[31]

Heberle-Bors ist Professor für Pflanzengenetik an der Universität Wien - eigentlich ein Befürworter der Gentechnik – nichtsdestotrotz verschließt er seine Augen nicht vor den drohenden Gefahren. Die Vorstellung einer solchen Entwicklung beruht auf die allgemeine Erfahrung der Züchtung von Nutztieren. Als der Mensch im Neolithikum seine Bestrebungen zur Seßhaftigkeit mehr und mehr ausweitete, begann er, Nutztiere auf ein bestimmtes Ziel hin zu züchten: höhere Milch- oder Fleischerträge bei Kühen, immer höhere Wollproduktion bei Schafen[32] und so fort. In bestimmten Fällen, wie beispielsweise bei Hunden bewegte sich das Züchtungsendprodukt der heutigen Zeit weit weg von seiner ursprünglichen Wildform „Wolf"; der „chinesischer Nackthund" gilt als besonders krasses Exempel der Kluft zwischen Wild- und Nutzform. Wenn diese zielgerichteten Züchtungen bei Tieren mit derartigem Erfolg durchgeführt worden sind, was spricht gegen eine erfolgreiche Anwendung bei Menschen? Es liegt an

---

[31] Heberle-Bors, Gentechnik, S. 327
[32] Bei Schafen wurde der natürliche Verlust des dicken Felles erst arbiträr durch Züchtung unterbunden. Ab diesen Zeitpunkt wurden sie für die Wollproduktion interessant.

der Methode selbst! Züchtung ist mit einem hohen Grad an Unsicherheit verbunden, da die Züchtung faktisch eine humane Nachahmung des evolutionären Naturprinzips bedeutet. Der Erfolg stellt sich daher, aufgrund seiner Methode, nur nach einer langen Reihe von Versuch und Mißerfolg ein. Die zeitliche Dauer bis zum Erfolg gilt als sehr lang, da die gewünschte Eigenschaft erst am Schluß einer langen Generationskette steht. Auf der anderen Seite wird die Selbstbestimmung des Lebewesens komplett außer Acht gelassen, wodurch Züchtungsversuche an Menschen, von allen Zivilisationen, offiziell geächtet werden. Bis heute ist keine nennenswerte humane Züchtung bekannt, wiewohl derartige Überlegungen sehr häufig angestellt wurden. Das Eugenikprogramm der NS-Diktatur legt beredtes Zeugnis von derartigen Überlegungen ab, es gilt als Grenzfall zwischen Rassen- und Züchtungsprogramm, das aber nicht Gebrauch von aktiver Züchtung machte. Um dies zu verdeutlichen, unterscheidet man zwischen aktiver und passiver Züchtung. Aktive basiert auf die bekannten mendelschen Kreuzungsprinzipien und will den vorgegebenen Züchtungserfolg herstellen, (indem die beiden Paarungspartner arbiträr nach feststehenden Regeln ausgesucht werden). Dagegen sucht die passive Form die Entfernung aller „schädlichen" Einflüsse, um die Rasse nicht mit Fremdartigkeiten zu kontaminieren. (Diese Methode kreuzt aber die Zuchtform nicht arbiträr.) Rassismus ist eine Form der Selbstzüchtung des Menschen nach der passiven Art, weil es die eigene „Rasse" als die höchstmögliche Form der menschlichen Existenz erklärt, die von rassenfremden Personen nur verunreinigt werden kann. (Die Entlehnung von Begriffen aus der Sauberkeit, in Bezug auf Rasse, ist in letzter Zeit oft untersucht worden. Man bezeichnet das Fremde als das Schmutzige, welches die eigene Reinheit der Rasse befleckt und unterminiert)[33]. Natürlich ist Partnerwahl auch eine Form von Selbstzüchtung, man sucht sich den Partner nach ästhetischen und ökonomischen Gesetzmäßigkeiten aus, die aber vorzugsweise unbewußt ablaufen; die Art gehorcht somit den Gesetzen der Evolution, was man als natürliche Züchtung oder Evolution und nicht als eine Art Rassismus begreifen sollte. Leider sind die Grenzflächen zwischen diesen Definitionen sehr diffus, was oft zu Differenzen und unterschiedlichen Auffassungen führen kann und tut.

Das völlig neue Konzept der Züchtung auf genetischem Wege beruht auf den direkten Eingriff in die Bausteine des Lebewesens. Die Züchtung wird individualisiert, die Veränderungen sind nicht länger erst in der fünfzigsten Generation sichtbar, sondern direkt am entstehenden Individuum. Dabei spielt die Art des Lebewesens ob Pflanze, Tier oder Mensch keine Rolle: Nach den heutigen Vorstellungen soll der Eingriff direkt an der Stelle erfolgen, welche die gewünschte Veränderung produzieren soll, der Genetiker schreibt einfach den Bauplan der zu konstruierenden Biomaschine Lebewesen um. Die Gene bilden die Anleitung, aufgrund welcher sich der Körper selbst, in längeren Wachstumsprozessen, erschafft. Wenn nun zu Beginn des Lebens diese Bauanleitung, in der singulären Keimzelle, verändert wird, berücksichtigt der entstehende Körper diese Korrektur, und wächst nach der neuen Anleitung. Die

---

[33] Derartige humane Züchtungsprojekte, ob nun aktiv oder passiv sind in aller Schärfe abzulehnen und sind zurecht von allen zivilen Staaten verachtet, der Grundsatz der Menschenrechtscharta „alle Menschen sind frei" hat das alleinige Anrecht auf das Supremat.

Möglichkeit des direkten Eingriffes in eine Generation macht die Genetik derart interessant. Man muß nur die entsprechenden Schalthebel für diverse Funktionen wie Sportlichkeit, Intelligenz oder Musikalität finden, dann kann man diese gezielt verändern, so die Hoffnung der involvierten Forscher. In der rezenten Geschichte wurden bereits einige wesentliche Fortschritte in der Erforschung der Bausteine des Lebens erzielt, die ich später noch genauer erörtern werde. Das mediale Echo auf diese Entdeckungen war enorm. Quer durch die Zeitungs- und Zeitschriftenlandschaft geisterten Meldungen, man hätte das Gen für Intelligenz, für Übergewicht, für Schüchternheit, Treue und für viele andere Eigenschaften der menschlichen Gesamtheit entdeckt[34]. Immer wieder werden Stimmen laut, die den Menschen ob seines Soseins auf seine eigenen Gene reduzieren und damit einzelne Gene für die menschlichen Schwachstellen belangen wollen. Auch die Kirche, die sich über die Jahrhunderte als zuständige Instanz für moralische und geistige Belange fühlte und den Körper ob seiner Sündhaftigkeit verwarf, entdeckt plötzlich das Körperhafte am menschlichen Willen. »Die mutmaßliche Entdeckung des „Seitensprung-Gens" hat offensichtlich den Bischof von Edinburgh besonders beeindruckt. Er verstieg sich im Mai 1995 zu der Behauptung, die Kirche möge außereheliche Affären nicht mehr als sündhaft anprangern, sondern akzeptieren, daß Ehebruch von unseren Erbanlagen veranlaßt wird". Schuld daran sei nicht das Individuum, sondern seine „promiskuitiven Gene". «[35] Ist damit der Mensch ein willenloses

---

[34] Eberhard-Metzger, Die Macht der Gene. In: Universitas 3/2001, S. 218
[35] Eberhard-Metzger, S. 218

Geschöpf, vollständig ausgeliefert seiner archaischen Gene? Damit hat die Frage der genetischen Disposition auch die Ebene der Jurisdiktion erreicht; die versteckte Pointe hinter der seltsamen pastoralen Erklärung: Ist genetische Disposition in Verbindung mit einem Verbrechen ein Milderungsgrund, weil der Täter Opfer seiner eigenen Veranlagung geworden ist? Ein Beispiel soll die Tragweite dieser These verdeutlichen: Die moderne Strafgesetzgebung sieht eine Tat dann als „vorsätzlich" und damit besonders strafwürdig, wenn sie bei vollem Bewußtsein ausgeübt wird; d.h. der Täter ist sich während seiner Vergewaltigung bewußt, daß und wie er sein Opfer mißhandelt. Diese Vorgehensweise nennt der Volksmund, eine Tat „eiskalt" - also emotionslos und rational geplant - ausführen. Der juridische Terminus dieses Strafbestandes ist „Dolus directus" und wird folgendermaßen definiert: »Unbedingter Vorsatz im Strafrecht: der Täter weiß um die Folgen seines Handeln und will den Taterfolg auch herbeiführen.'[36] Das steht im Gegensatz zu einer „heißen" Ausführung, bei welcher der Täter, von seiner Leidenschaft getrieben, zu der Ausführung hingerissen wird und die Folgen seiner Handlung nicht mehr abschätzen kann[37]. Dabei wird die Tat, die als „Dolus directus" erkannt wird, immer mit dem Höchststrafmaß belegt, weil der Täter die Folgen seiner Tat abschätzen kann und sie deren ungeachtet trotzdem begeht. Gilt die oben genannte

---

[36] Juristisches Wörterbuch, URL:
http://www.jura.uni-
erlangen.de/Lehrstuehle/Strafrecht2/Kolloquium/Loes-
Vorsatz.doc+dolus+directus&hl=de

[37] Im Süden Europas blieben Morde aus Leidenschaft, Rache und Eifersucht lange Zeit ungeahndet, man akzeptierte die posteriore Erklärung der Wiederherstellung der persönlichen Ehre.

Behauptung, daß der Mensch im Grunde ein von seinen archaischen Genen getriebenes Geschöpf sei, so würde dies bedeuten, der „unbedingte Vorsatz" müsse aus dem Strafgesetzbuch gestrichen werden, da in diesem Fall kein Täter je eine Tat bewußt und im Besitze seiner geistigen Fähigkeiten vollzöge, sondern stets am Gängelband seiner genetischen Disposition agiere. Entscheidend für die Rechtssprechung ist die Frage, ob ein Täter bei der Ausführung seiner Tat, im Vollbesitz seiner geistigen Kräfte gehandelt hat, dies wäre, bei einer Getriebenheit durch die Gene, nicht mehr gegeben. Das Urteil müßte in Hinkunft milder ausfallen – der Delinquent könne nicht anders, er müsse so handeln!

Andererseits wird von namhaften Biologen der Einfluß der Erbanlagen auf das menschliche Verhalten stets unterstrichen. Wenn nun menschliches Verhalten durch genetische Disposition zumindest mitbestimmt wird, stellt sich auf der anderen Seite die Frage nach den Folgen eines Eingriffes in die Keimbahn auf das Verhalten des betreffenden humanoiden Wesens hin. Kommt es dabei zu massiven Eingriffen in das Verhalten des neu entstandenen Menschen? Oder anders formuliert, wird durch gezielte Veränderung des genetischen Codes auch das emotionale Verhalten der betreffenden Person verändert? Und wenn ja, was wären die Folgen? Diese Fragen werden zur Zeit auf das Heftigste in den einzelnen Disziplinen der Naturwissenschaften und der Geisteswissenschaften diskutiert; häufig wird dabei das Horrorbild (das in unserem Fall vom Film entworfen wurde) einer Gesellschaft gezeichnet, die sich ihre Mitglieder nach Bedarf künstlich herstellt, abgestimmt auf deren jeweilig zugeteilte Aufgabe. Soldaten würde genetisch die

Angst vor dem Tode genommen und gleichzeitig unbedingter Gehorsam gegenüber dem Vorgesetzten eingepflanzt werden, gepaart mit nüchterner Grausamkeit. Analog dazu lassen sich weitere Züchtungen für verschiedenste Anwendungen finden. In diese Stoßrichtung werden nun die Befürchtungen des Filmes formuliert, aber auch Forscher der eigenen Fachrichtungen ahnen die möglichen Gefahren, wie das Zitat von Heberle-Bors unterstreicht. Rezente Forschungen, auf dem Fachgebiet der Neurologie, lassen einen derartigen Konnex zwischen veränderten genetischen Code und menschlichen Verhalten, vermuten; die in den Genbausteinen codieren Aminosäuren sind am Aufbau von Hormonen direkt beteiligt. Gleichzeitig spielt der Hormonhaushalt des Gehirns eine entscheidende Rolle auf das Verhalten der betreffenden Person. Das könnte folgendes Szenario hervorrufen: veränderte Gene produzieren andere Hormone, bzw. dieselben Hormone in anderen Konzentrationen. Dies führt zu einer veränderten hormonellen Chemie im Gehirn, was wiederum zu einem veränderten Verhalten der betreffenden Person führen könnte. Der Einfluß des Konzentrationsgleichgewichts zwischen den beiden Hirnhormonen Serotonin und Endorphin, auf die Gefühlslage eines Menschen, ist mittlerweile nachgewiesen; Serotonin wirkt beruhigend, während Endorphin zu den sog. Streßhormonen zählt, und Hochspannung erzeugt. Ein Kippen des Ungleichgewichtes in die eine Seite bedeutet für betreffende Person ein permanentes Schlaffheits- und Müdigkeitsgefühl, in die andere, die permanente Streßsituation mit den entsprechen bekannten Dauerschäden. Noch ist der Einfluß der Manipulation des Genoms auf das hormonelle Systems nicht bewiesen, aber es gibt die oben genannten Indizien, die in diese Richtung weisen.

Als erster Schritt zur Hybris wird meistens das Klonen genannt. Unter Klonung versteht man die Herstellung von Lebewesen aus einer beliebigen lebenden Zelle des Organismus; der Unterschied zur Befruchtung ist folgender: Befruchtung beruht auf die geschlechtliche Vereinigung und in der Folge, die Verbindung zweier Keimzellen zu einer Zygote[38]. Dabei reduziert sich die Zahl der Erbanlagen in jeder Samen-/Eizelle auf die Hälfte. Es kommt zu einer zufälligen Verteilung der Elternerbanlagen auf die entstehende Tochterzelle, d.h. die Erbanlagen der Eltern wurden in der neu entstandenen Tochterzelle, nach dem Zufallsprinzip, durcheinandergemischt. Bei der Klonung hingegen wird aus einer einzigen Zelle, durch Vervielfachung, ein neues Individuum geschaffen, das genetisch eine völlig identische Reproduktion des Ausgangsindividuums darstellt. Dieses Verfahren ist keine menschliche Erfindung, sondern findet in seiner natürlichen Form bei der pflanzlichen Vermehrung Anwendung. Bei Tieren kommt eine derartige Vermehrungsmethode sehr selten vor, und bei Säugern praktisch nie, mit Ausnahme der eineiigen Zwillinge, die man als gegenseitigen Klon betrachten kann! Das neu entstehende Lebewesen hat nun alle Erbanlagen gleich wie die Ausgangszelle, deshalb ist Klonung für Gentechniker so interessant. Man verändert die Gen- Bausteine der Ausgangszelle, klont diese und produziert daraus das genetisch neudesignte Lebewesen. Forschungen in diese Richtung sind bereits im Gange. Das erste Säuger-Exemplar eines geglückten Klonver-

---

[38] Lindner; Biologie; S. 282

suches erblickte als Schaf 1997 das Licht der Welt, und erlangte unter dem Namen „Dolly" Weltruf. Der Beweis, daß auch bei Säugetieren die prinzipielle Möglichkeit der Klonung besteht, wurde erbracht. Allen Befürchtungen und Horrorvisionen zum Trotz wird, von unterschiedlichen Seiten, in das Klonen von Menschen viel Forschungsarbeit investiert. Die beiden Gynäkologen Severino Antinori und Panayiotis Zavos sind weltweit die Wortführer in Sachen Menschenklonen. Neuerdings mischt die Sekte der Raelianer in den Forschungen von menschlichen Klonen mit. Diese platzten am Ende des Jahres 2002 mit der Meldung heraus, das erste menschliche Klonkind hätte, unter ihrer Federführung, das Licht der Welt erblickt. Diese Meldung wurde in weiterer Folge von den Proponenten der Sekte weder bewiesen noch weiter bestätigt, gleichzeitig haben führende Mediziner die Möglichkeit eines menschlichen Klons stark in Zweifel gezogen, sodaß es sich bei der Meldung wohl um eine Fehlinformation der Sekte handeln wird. Bei einem generellen Menschenklon-Verbot in Europa und den USA drohten sie, ihre Forschungen nach Israel[39] zu verlegen, um dort an ihren Projekten weiterzuarbeiten. Als Begründung für seine Arbeiten gibt Antinori das Menschenrecht auf Kinder auch für jene Frauen an, denen der Kinderwunsch, aus biologischen Gründen, bisher verwert war.[40] Knapp vier Jahre nach dem geglückten Klonversuch an einem Schaf wird nun der Ruf von Forschern in der Öffentlichkeit laut, die eine Klonerlaubnis am Menschen erwirken soll. Da

---

[39] Nach jüdischem Glauben beginnt ein menschliches Leben erst mit seiner Geburt, d.h. Embryonen gelten nicht als Menschen, daher sind embryonale Experimente erlaubt.
[40] Roland Schönbauer, Der Standard, 09.08.2001

inzwischen bereits erfolgreich Katzen geklont worden sind, vermutet man, daß es prinzipiell möglich sein müßte, Menschen ebenfalls durch Klonung herzustellen. Die Argumentationslinie für die Forderung trifft einmal mehr die vage formulierten Menschenrechte, es sei ein dezidiertes Recht jedes Erdenbürgers (der es sich leisten kann, natürlich) ein Kind zu bekommen, egal ob die biologische Fähigkeit vorhanden ist oder nicht. Der Schöpfer von Dolly meldet sich in dieser Causa ebenfalls zu Wort:

> Wilmut, der 1997 zusammen mit anderen Wissenschaftlern das Schaf Dolly erschuf und damit den ersten Klonerfolg weltweit errang, nennt das Klonen von Menschen „gefährlich und unverantwortlich". In einem Aufruf an seine Kollegen in Italien und den USA [Antinori und Zayos], die vor kurzem in Rom entsprechende Pläne angekündigt hatten, warnt Wilmut zusammen mit Rudolf Jaenisch vom Whitehead Institut für Biomedizinische Forschung in Boston: „Laßt das Klonen von Menschen sein". Alles spreche dafür, daß „menschliche Klonexperimente die gleichhohe Fehlerrate haben werden wie die Laborversuche zum Klonen von Tieren", heißt es in „Science". Allerdings unterscheiden Wilmut und Jaenisch ausdrücklich zwischen dem Klonen von Menschen und dem Klonen menschlicher Stammzellen zur Behandlung von Parkinson- und Alzheimer-Patienten, von Herzleiden und vielen Verschleißkrankheiten. „Der potentielle Nutzen therapeutischen Klonens wird ungeheuerlich sein, und diese Forschung darf nicht mit dem Klonen von Menschen verwechselt werden", schreiben die beiden Experten. Ihren Appell

veröffentlichen die Wissenschaftler in der aktuellen Ausgabe der Fachzeitschrift „Science". Wilmut und Jaenisch weisen erneut darauf hin, daß die bisherigen Klonversuche an Tieren fast ausschließlich im Desaster endeten. Die meisten Klone sterben noch als Embryos, warnen die beiden Experten. Nur wenige kämen zur Welt, erlägen dann aber meist Kreislauf- und Atemproblemen. Selbst jene Ausnahmen, die äußerlich normal heranwachsen, leiden nach ihren Angaben fast immer an schweren Immunstörungen, Nierenversagen oder abnormalen Hirnfunktionen.[41]

Damit wird das Menschrecht auf Kinder durch Klonung zu einer düsteren Warnung vor Mißbrauch; die Kinder seien von Beginn an, einem wesentlich höheren Krankheitsrisiko ausgesetzt. Diese Aussichten sind nicht nur in moralischer Hinsicht für die Kinder bedenklich - ihr Risiko, ein mit Krankheiten behaftetes beschwerliches Leben zu führen, ist deutlich höher als jenes das konventionell gezeugte und geborene Kinder haben. Dieses Faktum muß nicht nur in moralisch- ethischer Hinsicht vor den heranwachsenden Kindern verantwortet werden, sondern auch juridische Komplikationen sind praktisch vorprogrammiert; wie der berühmt gewordene Urteilsspruch aus Frankreich unterstreicht. Einem Gerichtsurteil des französischen Höchstgerichts zur Folge ist es Kindern erlaubt, die Eltern auf Schadenersatz zu klagen, weil sie trotz festgestellter Behinderung zur Welt gebracht worden sind.

Die französische Justiz hat einem behinderten Kind Schadenersatz zugesprochen, weil es nicht abgetrieben wurde.

---

[41] Online- Spiegel, 30. März 2001

Der Kassationsgerichtshof in Paris, die höchste Revisionsinstanz Frankreichs, entschied, daß eine vollständige Entschädigung gewährt werden müsse. Die Mutter hatte im Namen, ihres inzwischen sechs Jahre alten Sohnes Lionel, geklagt, der 1995 zur Welt kam und unter dem Down-Syndrom leidet. Sie machte geltend, daß sie von ihrem Frauenarzt trotz deutlicher medizinischer Anzeichen während der Schwangerschaft nicht über eine mögliche Behinderung ihres Sohnes informiert worden war. Die Richter hatten damit ein Recht anerkannt, nicht geboren zu werden. Wegen dieses Urteils haben Behindertenverbände den französischen Staat wegen schwerer Verfehlungen des Justizwesens verklagt.[42]

Die Behindertenverbände wittern hinter diesem Gerichtsurteil einen ersten Schritt in Richtung Eugenik, weil die Frau angegeben hatte, sie hätte den Fötus abtreiben lassen, sobald eine Behinderung festgestellt worden wäre. Darf die diagnostische Medizin überhaupt derart massiv eingreifen? Befürworter der pränatalen Diagnostik verweisen auf das Recht der Patientin, ihre Lage als werdende Mutter nicht in die Hand „Gottes" zu legen und auf einen gesunden Ausgang der Schwangerschaft zu hoffen, sondern aktiv bei erkennbaren biologischen Schäden am Ungeborenen einzugreifen und dieses abtreiben zu lassen. Die Verantwortung obliege nun den Eltern, sie würden dadurch aus ihrer passiven Akzeptanz herausgerissen werden. Die Gegner wenden ein, durch ein derartiges Vorgehen würden die Grenzen zur aktiven Eugenik zusehends verwischen, eine Grenzlinie zwischen dem medizinisch-biologischen Scha-

---

[42] Berliner Zeitung online, Donnerstag, 29. November 2001,

den des Ungeborenen und den enttäuschten hohen Erwartungen der Eltern ist praktisch nicht argumentierbar. Außerdem wurde in letzter Zeit häufig laut darüber nachgedacht, ob selbst die zur alltäglichen Praxis gewordene „in vitro" Fertilisation, für die dadurch gezeugten Kinder, ein höheres Risiko an Erkrankungen verschiedenster Art darstellt.

Auf der anderen Seite fordern Forscher immer wieder das Recht auf die sog. therapeutische Klonung. Dabei handelt es sich um die Vermehrung von entkernten Eizellen, die mittels Einpflanzung von Zellkernen anderer Körperzellen „umprogrammiert" werden, um körpereigene Zellen neu zu züchten. Über den Umweg von wenigen Tagen alten menschlichen Embryonen, die abgetötet werden, lassen sich sog. embryonale Stammzellen züchten, die sich nicht nur unbegrenzt vermehren lassen, sondern auch in jede beliebige Art von menschlichen Körperzellen weiterentwickeln lassen. Man erhofft sich von dieser Methode die Herstellung von Ersatzzellen für Alzheimer- bzw. Parkinsonpatienten, sowie Hilfe für jene Erkrankten, der bis dato unheilbaren Multiple Sklerose. Die Möglichkeiten würden sich bis zur Entwicklung von Ersatzorganen hin erstrecken, die vom körpereigenen Immunsystem nicht als feindlich identifiziert und abgestoßen werden, da sie aus körpereigenen Zellen gezüchtet werden könnten.[43] Auf diese Technik hin, beziehen sich die beiden Klon-Forscher Wilmut und Jaenisch, in ihrer obigen Stellungnahme zusammengefaßt unter dem „Klonen von menschlichen Stammzellen". Dies umreißt in groben Zügen den Stand der aktuellen

---

[43] siehe dazu Anja Haniel, Therapeutisches Klonen, S. 228ff.

Forschung und die Kernthemen, der parallel dazu laufenden öffentlichen Debatte.

Historisches

Im April 1953 veröffentlichten die beiden jungen Forscher Francis H. C. Crick und James D. Watson in der Wissenschaftszeitung „Nature" einen kurzen Aufsatz, der das Bild vom Aufbau des Menschen revolutionieren sollte. Sie schlugen ein Modell der Desoxyribonukleinsäure, kurz DNS, in Form einer Doppel- Helix (eine Art in sich verschraubte Wendeltreppe) vor. Damit hatten sie das, bis dahin schwelende, Problem der Vererbung auf molekularer Basis gelöst. Mitte des 19. JH, entdeckte ein österreichischer Mönch – Gregor Mendel, daß Vererbung statistischen Gesetzen folgt, und leitete daraus die heute noch gültigen Mendelschen Gesetze ab. Die Vermutung, Aussehen und Verhaltensmuster werde von einer Generation in die nächste übertragen, ward zur Gewißheit.[44] Auf der anderen Seite stand Darwins „Entwicklung der Arten", die eine Theorie zur Evolution bildete, doch beide waren in sich unvollständig, wie in weiterer Folge erläutert werden soll:

> Gregor Mendel züchtete aus Erbsensorten, die er im Klostergarten vorfand reine Linien, die ihre Eigenschaften in den Nachkommen immer wieder konsequent weitergaben. [...] Die einzelnen Linien, die er züchtete, unterscheiden sich in wenigen morphologischen Eigenschaften wie Samenform, der Samenfarbe oder der Wuchshöhe. Als er nun die Linien miteinander kreuzte, fand er zu seinem Erstaunen, daß alle Nachkommen alle gleich waren und daß

---

[44] Mendel hatte seine Experimente an Erbsen durchgeführt. Die Übertragbarkeit auf tierische und menschliche Organismen ist längst erbracht.

sie entweder dem einem Elter (ein in der Genetik gebräuchlicher Singular für Eltern) ähnelten, egal ob dieser Elter die Pollen oder die Eizellen lieferte.[45]

Das heißt, ein Nachkomme von zwei Eltern erhält BEIDE Baupläne, sowohl der Mutter als auch des Vaters mit, jedes Merkmal ist durch ein Paar von Faktoren festgelegt, aber nur eines von beiden, kann auch tatsächlich aktiv in den Körperbau eingreifen. Man nennt die beiden vorhandenen Faktoren (heute weiß man, daß es sich um genetischen Bausteine eines Merkmales handelt) Allele; das aktiv wirkende Allel heißt dominant, jenes nicht wirkende heißt regressiv. Wenn nun z.B. großer Wuchs mit dem Buchstaben A bezeichnet wird und kleiner Wuchs mit dem Buchstaben a, so geschieht folgendes: Werden zwei reinrassige Pflanzen vom Typ (A/A), (also reinrassiger Großwuchs) und vom Typ (a/a), (reinrassiger Kleinwuchs) miteinander gekreuzt, so muß die nächste Generation aus dieser Kreuzung jeweils eines der beiden Elternallel haben; da beide Teile je eines der Allele beisteuern. Die beiden Tochterpflanzen wären also (A/a) und (a/A), da A gegenüber a dominant ist, sind beide Pflanzen großwüchsig. Wenn nun diese beiden Pflanzen miteinander gekreuzt werden, entstehen vier verschiedene Möglichkeiten: (A/A), (A/a) und (a/A) [die beide gleich sind] und (a/a). Die ersten drei Pflanzen sind großwüchsig, die letzte aber ist, wegen dem fehlenden dominanten Wachstumsgen A, kleinwüchsig. Das Verhältnis der kleinwüchsigen Pflanzen ist 3:1. Diese Gesetze gelten heute als hinreichend bewiesen und erlauben die Feststellung der Vererbbarkeit eines Phänomens. Das heißt gleichzeitig, eine Ei-

---

[45] Heberle-Bors, Gentechnik, S. 42

genschaft kann nicht verloren gehen, sondern kommt im Laufe der Generationen wieder zum Vorschein.

Darwins Evolutionstheorie, erstmals formuliert in seinem Buch „The Origin of Species" erschienen in London 1859, basiert auf dem Grundsatz „Überleben des Bestangepaßten". In Kurzform zusammengefaßt postulierte Darwin folgende These: Jede Pflanzen- und Tierart pflanzt sich mit weit mehr Nachkommen fort, als zur Erhaltung der Gattung quantitativ notwendig wäre; diese führen aber einen erbarmungslosen Konkurrenzkampf um Lebensraum, Nahrung und Fortpflanzung. Nur eine kleine Anzahl der Individuen pflanzen sich tatsächlich in die nächste Generation fort, der größere Teil stirbt, ohne eigene Nachkommenschaft produziert zu haben. Einige werden in diesem Kampf ums Dasein, auf Grund von erblichen Unterschieden, besser gerüstet sein als andere und haben deshalb, höhere Chancen diesen erfolgreich (hohe Fortpflanzungsrate gilt in diesem Kontext als Erfolgsrate) zu bestehen. Im Laufe von vielen Generationen setzen sich die Träger der ‚verbesserten Eigenschaften' durch. Bei dieser natürlichen Auslese oder Selektion überleben solche Pflanzen und Tiere, die der jeweiligen Umwelt am besten angepaßt sind. Schrittweise werden, aufgrund der selektiven Tradierung von Vorteilen, immer mehr Tiere derselben Gattung die neuen Vorteile adaptieren und sich damit besser auf ihre veränderliche Umwelt einstellen. Gleichzeitig entdeckte Darwin die Phylogenese der Evolution[46], d.h. die verschiedenen Pflanzen-

---

[46] Darwin stütze sich auf zahlreiche Vorarbeiten von Biologen, Geologen und Archäologen seiner Zeit. Einen guten Einblick in das theoretische Umfeld Darwins gibt: Thomas Weber, Darwin und die Anstifter, 2000 DuMont

und Tierarten haben sich in langen Entwicklungsreihen schrittweise, von sogenannten ‚niederen' Arten, höherentwickelt, ebenso der Mensch. Jede Art teilt sich mit einer beliebigen anderen Art einen gemeinsamen Vorfahren, der, je nach Verwandtschaftsgrad, weit in der Evolutionszeit zurückliegen kann. Mit einem Schlag war der religiöse Schöpfungsakt vernichtet, die Schöpfung konnte von nun an nicht als ein plötzlicher Akt, der alle Lebewesen erschuf, gesehen werden, sondern als eine Art Grundsteinlegung des Lebens, aus dem sich dieses langsam empor entwickelte. Darwin konnte sich jedoch nicht erklären, wie die neu erworbenen Eigenschaften eines Lebewesens in die nächste Generation übertragen werden. Er schloß sich der Lamarckschen[47] Theorie an, um zu erklären, wie sich die neu erworbenen Fähigkeiten in die nächste Generation vererbten. Er nahm sog. Keimkörperchen an, welche die Erfahrungen des lebenden Individuums in sich tragen; diese gelangen über das Blut in die Keimbahn, und werden so auf die Ei- und Samenzellen übertragen. Ein höchst wackeliger und unbefriedigender Schluß, da eine neu erworbene Eigenschaft, sagen wir des großen Wuchses, durch erneute Paarung, mit einem Exemplar kleinen Wuchses, abgeschwächt und durch stete Vermischung, mit den Exemplaren von kleinen Wuchs, langsam auf das vorherige Maß nivelliert würde. (Nach den Gesetzen des mathematischen Mittelwertes). In dieser Theorie kann eine Verbesserung nicht von Dauer bleiben,

---

[47] Lamarck nahm an, daß die Lebewesen sich durch Gebrauch oder Nichtgebrauch ihrer Organe unmittelbar an die Bedürfnisse anpassen und daß sich eine solche individuell erworbene Anpassung auf die Nachkommen vererbt. Umgekehrt soll der Nichtgebrauch der Organe zur Verkümmerung führen. Lindner; Biologie, S. 404

weil ihr ein permanenter Druck zu Gleichförmigkeit inhärent ist.

Erst die Entdeckung der DNS konnte Klarheit in das Dilemma bringen, weil sich innerhalb der DNS beide Vorgänge - Vererbung des Bestehenden und Neuentwicklung in Form von Mutation - simultan abspielen und damit die Theorien von Darwin und Mendel in einem übergeordneten Theoriegebäude zusammengeführt werden. Die bestehende physische Gestalt und Erfahrung, in Form von Instinkt, (vieles spricht für eine derartige Vererbung von Instinkt, ist aber noch nicht restlos geklärt) wird durch das Kopieren der Eltern-DNS von Generation zu Generation weitertradiert. Veränderungen der Erbanlagen stellen sich ein, weil bei diesem Kopiervorgang zwangsläufig Fehler – d.h. Mutationen der Erbinformation - entstehen. Die jeweilige neue Mutation muß sich nun den Rahmenbedingungen der Umwelt stellen und beweisen, ob diese zufällige Entwicklung ein Vorteil für das Individuum darstellt oder nicht. Das mutante Gen wird jedoch, nach der Mendelschen Theorie, nicht vermischt auch wenn es sich mit einem nichtmutanten Lebewesen kreuzt, sondern bleibt als ganzes in der Generationenlinie vorhanden. (Dieses Verhalten der Gene bewegte den Biologen R. Dawkins zur These, eben diese Gene seinen egoistische Gebilde, die nur auf ihren eigenen Fortbestand abzielen würden (mehr dazu in: Die neodarwinistische Welterklärung). Unter Biologen und Genetikern setzte sich verstärkt die Meinung durch, daß alle menschlichen Regungen in den Genen zumindest angelegt sind; es galt nun, den Code zu entziffern. Watson, der zusammen mit Crick für seine Entdeckung der DNS- Struktur mit dem Nobelpreis bedacht wurde, bringt diese biologistische Position auf den Punkt: »Früher glaubten wir, unser Schicksal läge in den Sternen. Wie wir heute wissen, liegt es in den Genen.«[48] Ihre Gegenspieler, die „Kreationisten" – darunter wird die Gruppe von Wissenschaftlern zusammengefaßt, welche die Faktizität der Schöpfung und damit des Schöpfers beweisen wollen - gerieten zusehens in ein peinliches Hintertreffen. Argumentativ hat die biologische Wissenschaft immer schlagkräftigere Beweise, zur Stützung des darwinistisch- wissenschaftlichen Weltbildes zusammengetragen. Zur kurzen Erläuterung des Begriffes wissenschaftlich: als methodisch wissenschaftlich wird eine These dann angesehen, wenn sie zur Erklärung eines Vorganges oder einer Erscheinung mit einem Minimum an nichterklärbaren Faktoren auskommt; im Idealfall ist die Anzahl der unbekannten Faktoren gleich Null[49]. Kraft dieser Definition haben die Kreationisten bereits am Fundament ihrer Argumentationen einen entscheidenden Nachteil, weil Gott per definitionem nicht beweisbar ist. Das hatte die Popularität der wissenschaftlichen Theorie zur menschlichen Genese zusätzlich unterstützt. Andererseits ging mit der Ausbreitung der biologistischen Theorie auch eine stete Versachlichung der menschlichen Existenz einher. Freud hat in seinen berühmten drei Sätzen, die menschliche Kränkung betreffend, die Versachlichung auf den Punkt gebracht: Die erste Kränkung hätte Kopernikus der Menschheit zugeführt, nicht die Erde stünde im Zentrum, sondern die Sonne, und mithin stehe der Mensch

---

[48] Thomas Assheuer, Die neue Genmystik; in: Die Zeit, Nr. 28/2000
[49] Diese Forderung ist in der Wissenschaftsgeschichte als Ockhams Rasiermesser bekannt geworden, nach dem Scholastiker Wilhelm von Ockham (1290-1349).

auf der Erde nicht mehr im Zentrum, sondern drehe sich mit dieser um das Zentralgestirn[50]. Die zweite Kränkung wäre durch Darwin erteilt worden, der Mensch sei nicht, wie von der christlichen Religion prophezeit, die Krone der Schöpfung, sondern er hätte sich, wie alle anderen Lebewesen auch, aus einem Einzeller entwickelt. Obendrein sei sein nächster Verwandter ausgerechnet der Affe, das Lieblingsschimpfwort der Menschen („Du Affe!"). Die dritte Kränkung wäre dann, im Unterschied zu Freuds Satz, die Enthüllungen der Genetik, nicht die unglaubliche Komplexität des Gehirns sei verantwortlich für sein Verhalten, sondern die relative Simplizität[51] seiner Genbausteine.[52]

Für die Entstehung der Gentechnologie fehlt noch ein entscheidendes Puzzle. Die Funktionsweise der Chromosomen und das Rätsel der Zellteilung konnten erklärt werden, aber die Information der Chromosomen bleiben weiterhin unbekannt. Man hatte zwar ein Buch entdeckt, konnte aber die Schrift nicht entziffern, der Text verschloß sich der interessierten Leserschaft. Daher schlossen sich Biowissenschaftler verschiedener Nationen 1988 zu einer Dach- Organisation mit Namen „Hugo" zusammen. Der Name steht als Abkürzung für

---

[50] Die, wie man heute weiß, auch nicht im Zentrum des Kosmos plaziert ist, sondern dreht sich, an den Außenbezirken der Milchstraße sich befindend, um das Zentrum dieser Galaxie. Diese wiederum bewegt sich ebenfalls, und zwar in einer Fluchtbewegung von einem angenommenen Zentrum des Urknalls.
[51] Das Genom des Menschen umfaßt ca. 30.000 Einzel-Gene, doppelt so viele wie das Lieblingsstudienobjekt der Genetiker, die Fruchtfliege Drosophila melanogaster. Vor der letztendlichen Entzifferung des menschlichen Genoms man eine Anzahl von min. 100.000 menschliche Einzel-Gene an.
[52] nach Sigmund Freud, Vorlesung zur Einführung in die Pychoanalyse. In: Studienausgabe Bd. I Frankfurt/Main

„Human Genome Project". Ziel der Vereinigung war, die gemeinsamen Anstrengungen zur Entschlüsselung des menschlichen Genoms international zu koordinieren. Der genetische Text des Menschen sollte entschlüsselt werden. Craig Venter, einer der führenden Forscher dieser Disziplin und Chef der erfolgreichen Biotechnologiefirma Celera, die anfangs mit dem Forscherkonsortium „HUGO" um die Entschlüsselung konkurrierte, nannte das Forschungsziel unbescheiden den »Höhepunkt der 100.000 Jahren Menschengeschichte«[53]. Am 26. Juni 2000 traten Francis Collins, der Chef des internationalen Forscherkonsortiums, J. Craig Venter, Forscher und ehrgeiziger Unternehmer in Sachen Gentechnologie, mit dem damaligen Präsidenten der Vereinigten Staaten Bill Clinton an die Öffentlichkeit und präsentierten gemeinsam die: »Sprache, in der Gott das Leben schuf«[54]. Die Basenfolge, und damit die Buchstabenfolge, des menschlichen Genoms war zu diesem Zeitpunkt zu einem Großteil (nicht vollständig!) bekannt. Erst Monate später, am 15. Februar 2001 folgten die Publikationen der erweiterten Ergebnisse in den beiden renommierten naturwissenschaftlichen Zeitschriften „Nature" und „Science". Bioforscher aller Nationen hatten sich mit Begeisterung und großen Hoffnungen in das Projekt gestürzt, mit großen Worten wurde die Werbetrommel zur Akquirierung von Forschungsgeldern gerührt. Der Nobelpreisträger Walter Gilbert (Nobelpreis für die Erfindung der Methode zur Sequenzierung der DNS-Basenbausteine) sprach im Zusammenhang mit der Sequenzierung des menschlichen Genom vom »heiligen Gral

---

[53] zitiert bei Ulrich Bahnsen, Im Dickicht der Proteine, Die Zeit 29/2000
[54] Bill Clinton, Festrede zit. In: Zeitpunkte, das menschlichen Genom, Vorwort, S.3

der Biologie« und von einer »endgültigen Antwort auf das Gebot ‚Erkenne dich selbst' «[55], oder George Cahill Vizepräsident einer großen Bioinstitution, meinte gar: »das Projekt wird alle Fragen beantworten. Evolution, Krankheiten – die Antwort auf einfach alles findet sich in diesem großartigen DNS- Band«[56]. Bei derart starken Sprüchen, von Seiten der involvierten Wissenschaftler, im Vorfeld der Entdeckung, verwundert die Aufregung in den Medien nicht mehr, die zur Zeit der Veröffentlichung herrschte. Die Erwartungshaltung wurde von den Forschern sehr hoch geschraubt, und von vielen Intellektuellen, Journalisten und Philosophen undifferenziert übernommen. Thomas Assheuer entdeckt die Entstehung eines säkularen Fortschrittsglaubens, welcher die Sequenzierung des Genoms zur »neuen Heiligen Schrift«[57] erhebt, die letztlich alle Formen des Lebens erklären und beschreiben kann. Die Forschungsergebnisse und damit die Forschung selbst wurden zur res teologica erhoben. Die Erklärung für alle, die Menschheit betreffenden, Fragen könnten damit beantwortet werden. Den Forschern komme die Rolle der neuen, säkularen Hohepriester zu, die das Leben des Einzelindividuums qualitativ verbessern und quantitativ verlängern sollten; ein neuer Garten Eden auf Erden wird beschworen, Krankheit und Tod würden besiegt werden, ebenso wie Impotenz und Frigidität.

Versuch der Rehabilitierung des Menschen im Film
Am Ende triumphiert doch der Mensch, auch wenn die, ihm in den Weg gelegte Hindernisse, noch so groß erscheinen mögen.

---

[55] Jörg Albrecht, Das Watson-Projekt; in: Zeitdokumente, S.7f.
[56] zit. bei Jörg Albrecht, S.7f
[57] Thomas Aßheuer; Die neue Genmystik; in: Zeitdokumente, S.40

Diese tröstliche Botschaft gibt der Film „Gattaca" seinen Zuschauern auf den Weg aus dem dunklen Kinosaal in den Alltag mit. Der biologische Mensch, so die optimistische Essenz, sei, allen Schwierigkeiten zum Trotz, das Maß aller Dinge. Mag er in den einzelnen Disziplinen unterlegen sein, (so leidet der Held unter Sehschwächen und an einer gravierenden Herzschwäche), vermag er ungeachtet dessen als einziges Lebewesen das Prinzip der Hoffnung und des Glaubens zu personifizieren. Die Ausgangslage für den biologischen Menschen Vinzenz ist denkbar schlecht, abgeschnitten von der medizinischen Fehlerbehebung seines Körpers und ausgeschlossen aus allen sozialen Bereichen, gelingt es diesem Vertreter der Spezies dennoch, sich über die gesellschaftliche Norm hinwegzusetzen. Kraft jener positiven Eigenschaften ist er in der Lage, Niederlagen zu akzeptieren und aus ihnen Lernerfahrungen zu ziehen, aber auch die Fähigkeit, auf wachsende Widerstände mit verstärktem persönlichem Einsatz zu reagieren und über seine Kräfte hinaus zu wachsen.

Der geklonte Mensch leidet hingegen unter einem enormen Leistungsdruck, das Ziel zu erreichen, für welches er geschaffen und bestimmt wurde. »Eugene suffered under the burden of perfection.«[58] Er hat, im Gegensatz zu den natürlichen Menschen, keine Entschuldigung, da er über keine Schwächen verfügen kann und darf; diese wurden ihm künstlich weggezüchtet. Deshalb darf Anton den Schwimmbewerb mit seinem Bruder nicht verlieren, »Of course, it was always me [Vincent] to loose. Anton was by far the stronger swimmer and he had

---

[58] Niccol, Gattaca- Drehbuch

no excuse to fail.«[59] Wenn nun, wie in diesem Fall tatsächlich geschehen ist, der vermeintlich überlegene doch unterliegt, was passiert mit ihm? Die beiden Gefallenen, die uns der Film vorstellt, reagieren auf unterschiedliche Weise, doch mit dem gleichen Fatalismus auf ihre Niederlage. Anton, der noch einen Chance wittert, die bestehende Weltordnung wiederherzustellen, setzt alles daran, Vinzenz in einem neuerlichen Duell zurechtzuweisen, es geht um seine persönliche Legitimität als perfektes Mitglied der Gesellschaft. Als er am Ende doch noch die Möglichkeit einer Revanche erhält, und erneut verliert, ist sein endgültiges Scheitern für ihn unveränderliche Tatsache. Eugene hingegen hat keine Möglichkeit mehr, sein Bild in der Öffentlichkeit zurechtzurücken (warum kann man eigentlich Gene beliebig klonen, aber keine Querschnittlähmung heilen?), und resigniert vollständig am Leben. Beide zerbrechen an der Niederlage, bei Eugene ist der Prozeß sichtbar, bei Anton ist dies, in seiner vollständigen Verweigerung, dem Bruder zu helfen, spürbar – der muß Vinzenz, mit allen zu Gebote stehenden Mitteln am dessen Triumph hindern, dies ist seine persönliche Mission.

Der genetische Code wird als ein apodiktisches Gesetz verstanden, aus dem kein Entrinnen möglich ist. Nur die Akzeptanz und mithin die vollständige Unterwerfung unter diesem Dogma bleibt als Option. Die Diktatur der Gene kennt insofern keinen physischen Herrscher, da alle Menschen deren Baupläne unterworfen sind, der herrschende Diktator ist vielmehr der soziale Zwang zur Anpassung an die Norm. Gilt ein Mensch als herzkrank mit einer Wahrscheinlichkeit von

---

[59] Niccol, Gattaca - Drehbuch, S.20/119

90%, dann hat er diese Krankheit und stirbt innerhalb der, von der Medizin prognostizierten, Lebenszeit. Es gibt keinerlei Hoffnung auf eine Besserung der Situation, da begangene Fehler nicht mehr korrigiert werden können. (Ähnlich eines Druckfehlers in einem Buch, der ebenfalls nicht korrigiert werden kann, ohne das Buch als solches zu zerstören.) Ein einmaliges Versagen am Arbeitsplatz, das gilt vor allem für die prestigeträchtigen Jobs, bedeutet die unwiederbringliche Entlassung, weil die Auswahl an geeigneten Kandidaten, gleichsam auf Bestellung, erfolgen kann. Die rein rationale Welt erinnert in ihrem Dualismus - dem exklusiven entweder-oder, an die Erlösungslehre der Calvinisten. Diese nehmen an, die Heilsentscheidung über einem Menschen, sei schon vor seiner Geburt gefallen. Die betreffende Person kann den Ausgang dieser Entscheidung nicht in Erfahrung bringen, jedoch könne man am Erfolg oder Mißerfolg ihres Lebensentwurfes indirekt auf die Heilsentscheidung schließen – ein gesegneter Mensch könne nicht mit Mißerfolg geschlagen sein, so die Annahme.[60] Zuversicht und Hoffnung sind in dieser rationalen Welt sinnlos geworden, als alleinige Autorität gilt die faktische Gewißheit der Wissenschaft bzw. des Wissens. Eugene ist, abgesehen vom Verlust seiner Beinkraft nicht beeinträchtigt, trotzdem hat er kapituliert, weil er niemals mehr seinen ursprünglichen Anforderungen entsprechen kann. Damit ist sein vormaliger Platz in der Gesellschaft unwiederbringlich verwirkt. Auch Irene leidet unter einem Herzfehler, der sich unerwartet in das geklonte Produkt eingeschlichen hat und

---

[60] dazu, Max Weber, Die protestantische Ethik und der Geist des Kapitalismus; in: Gesammelte Aufsätze zur Religionssoziologie, 1. Aufl. 1920; Nachdruck UTB Nr. 1495, 1988 Tübingen

glaubt deshalb, nicht gut genug für die Welt von Gattaca zu sein. Erst Vinzenz überzeugt sie vom Wunder der Hoffnung, als er ihr eröffnet, daß aufgrund seiner Herzschwäche, eigentlich schon lange nicht mehr am Leben sein dürfte. Lernprozesse der bekannten Art, die auf das Versuch- und Irrtumverfahren aufbauen, sind in dieser Gesellschaft obsolet geworden. Es darf keine Irrtümer, bzw. Fehler mehr geben, das fehlerhafte Individuum wird sofort ausgetauscht. Das bedeutet gleichzeitig auch den individuellen Stillstand des Menschen, dieser kann sich in seiner persönlichen Erfahrung nicht mehr entwickeln, er bleibt stets auf derselben erreichten Stufe. (Dieses Motiv verfolgt der Film leider nicht.) Der Progreß der Gesamtheit wickelt sich in Hinkunft nicht über das Individuum ab, sondern einzig und allein über den wissenschaftlichen Fortschritt, der maßgebend für die soziale Entwicklung ist. Damit geht gleichzeitig ein Ende der Kultur, als Gesamtheit der menschlichen Artefakte einher. Grundlage jedes kulturellen Schaffens ist die individuelle Umsetzung menschlicher Lebenserfahrung in materielle oder geistige Produkte. Das kreativ tätige Individuum oszilliert während des Arbeitsprozesses stets zwischen der ideellen Vorstellung seines Planes und dem tatsächlich vorhandenen Artefakt aufgrund von verschiedenen Lernprozessen, zu denen notwendigerweise Rückschläge als Bereicherung des Erfahrungsschatzes gehören. Erst in diesem Zusammenspiel gelingt dem Individuum diese beiden auseinanderklaffenden Entitäten (geistiger Plan und physisches Resultat) immer weiter aneinander anzugleichen. In den diktatorischen Gesellschaftsformen produziert das Individuum keine Vorstellungen mehr, sondern adaptiert nur mehr Bekanntes, da neue Pläne neue schöpferische

Denkwege erfordern, die der Druck zur Gleichförmigkeit im Keim erstickt. Kultur kann in einer derartigen Gesellschaftsform nur noch museale Erinnerung sein, in der Spezialisten zwar auf interpretatorischer Ebene brillieren, aber kreative Neuschöpfungen aus dem Bereich des Machbaren rücken. (Ausgenommen sind jene künstlerischen Dissidenten, die sich der herrschenden Norm widersetzen und im Verborgenen eigenständige Werke erschaffen. Diese werden aber von den Vertretern der Norm unerbittlich verfolgt und gejagt. Die Frage, die sich hier stellt, ist, kann ein Individuum, das genetisch auf Gleichförmigkeit programmiert ist, überhaupt noch eigenständig agieren.) Der kreativ- schöpferische Individualist ist der autoritären Genese zum Opfer gefallen und damit verbunden, auch sein Werk. Dem entsprechend tritt als einzige Vertreter der Kunst ein Pianist auf, der, mit sechs Finger an jeder Hand, ein Musikstück brillant interpretiert - aber eben nur interpretiert.

Menschen werden zunehmend als Vollzugsorgane angesehen, denen jede Individualität sukzessive genommen wird; die Persona eines Menschen verliert völlig an Bedeutung, nur seine Funktionalität ist von entscheidendem Interesse. Das führt zu einer massiven Uniformierung der Menschheit, die versucht, Ausnahmen des Normbildes bereits im Keim zu ersticken. D.h. der Körper und die Leistungen des Gehirns werden als eine Art Konfektionsware betrachtet, die für die meisten nach den gleichen Gesichtspunkten geschneidert werden, ähnlich wie die Uniformierung der Anzüge in der heutigen Geschäftswelt. Vinzenz berichtet über die Menschen in seiner Erinnerung:

> The majority of people are now made-to-order. What began, as a means to rid society of inheritable diseases has become a way to design your offspring – the line between health and enhancement blurred forever. Eyes can always be brighter, a voice purer, a mind sharper, a body stronger, a life longer. Everyone seeks to give their child the best chance, but the most skilled geneticists are only accessible to the privileged few.[61]

Dieser Monolog findet sich nur in der ersten Drehbuchfassung, er wurde aus der endgültigen Projektionskopie des Filmes gestrichen. Dadurch schwächt sich die gesellschaftskritische Note des Filmes entscheidend[62]. Die Gesellschaft präsentiert sich insgesamt als eine Inkubation einer postmaterialistischen Gesellschaft; von Bedeutung ist nur der Einzelne für sich selbst. Mädchen lassen ihre Liebhaber auf deren Tauglichkeit zum Ehemann hin testen, Eltern bestellen sich ihre Kinder nach ihren Vorstellungen, damit diese jene Ziele erreichen, welche für sie selbst unerreichbare Träume geblieben waren. (Man erfährt nie, welche Berufe die Eltern der beiden Brüder hatten, nur daß sie aus der sozialen Unterschicht entstammten). Gleichzeitig ist für die Gesellschaft das Individuum als solches völlig irrelevant, weil austauschbar geworden. Damit verbunden ist eine Vereinsamung der betreffenden Menschen, schließlich bedeutet Egoismus die Konzentration auf sich selbst und ein Wegblenden der anderen Indivi-

---

[61] Niccol, Gattaca – Drehbuch, S.37/119
[62] Die Gründe für diese Streichung sowie deren Provenienz, ob vom Regisseur selbst vorgenommen, oder von der Produktionsseite diktiert, ließen sich nicht eruieren, obwohl sie von hohem filmwissenschaftlichen Interesse wären.

duen, sofern sie nicht den eigenen Interessen dienlich sind. Die Bilderwelt des Films unterstreicht diesen Eindruck mit der Darstellung von einsamen Menschen, die entweder in anonymen Gruppen gezeigt werden, wie die Oberschicht- Arbeiter der Welt von Gattaca und die Unterschicht- Arbeiter der Reinigungsfirma; oder aber alleine, niedergedrückt von den futuristischen Landschaften der Architektur.

Die einzigen menschlichen Gefühlsregungen emittiert Vinzenz, er allein scheint Quelle und Zentrum menschlicher Äußerungen jenseits der Rationalität zu sein. Damit wird er zum Erretter der Menschheit, zum Bote des „besseren Menschentums" mit welchem er letztlich, über die gesellschaftlichen Unbille triumphiert und die Gesamtheit der Zuschauer mit ihm. Infolge erweisen sich humane Regungen wie Freundschaft, Liebe und Vertrauen gepaart mit gesundem Ehrgeiz dem blinden technokratischen Leistungswillen überlegen, denn nur diese Freundschaft veranlaßt Eugene sich selbst, zugunsten von Vinzenz, zu opfern. Auf der anderen Seite ist er der Einzige, der seinen Ehrgeiz aus teils eigenen Fehlern, teils aus den herrschenden Zuständen nähren kann, der ihn letztlich triumphieren läßt. Nur ihm gelingt es, Rückschläge und Hindernisse in persönliche Motivationsquellen umzumünzen, und an der Größe der gestellten Aufgabe zu wachsen. Moralische Integrität triumphiert über die Pervertiertheit der Welt, diese dem Christentum entnommene Botschaft, welche in der Bergpredigt ihre verbale Ausformulierung erhielt, hat für den Film zentrale Bedeutung. Dort klingt die letztendliche Umkehrung der sozialen Normen an, die Erniedrigten werden einst erhöht werden. Das Motiv der letztendlichen Verdammung moralischer Pervertiertheit klingt in vielen mythologischen Erzählungen an. So taucht es bereits in der Alttestamentarischen Erzählung von Sodom und Gomorrha ebenso wie in der Sintflut auf. Bei den genannten Mythen läuft die Verdammung auf die gesamte Sozietät, mit Ausnahme der als gerecht befundenen Einzelindividuen (Lot und seine Familie im ersten Fall, Noah und seine Familie im zweiten Fall) hinaus.

Dagegen bleibt, im vorliegenden Fall, die Sozietät unangetastet, die Titelperson schafft den sozialen Aufstieg innerhalb der bestehenden Strukturen, die sie keineswegs zu verändern trachtet. Darum kann er nicht die Rolle des „Retters der Menschheit" übernehmen, im Gegensatz zu der Titelfigur des nun folgenden, zweiten Filmes, der die Menschheit dezidiert erlösen will. Vinzenz hingegen will nur beweisen, daß menschliche Tugenden kein Hindernis für einen sozialen Aufstieg sind, auch wenn die Umgebung der Humanität gegenüber noch so feindlich gestimmt ist.

Unbehagen vor der Allmacht der AI: "Matrix"

Haben wir uns bis jetzt mit dem Konflikt zwischen künstlich veränderten Menschen und den natürlichen Menschen beschäftigt, so befassen wir uns nun mit einer weiteren Konfliktmöglichkeit; jener zwischen intelligenten, von Menschen gebauten Maschinen und ihren Erbauern. Dieser Typus der Hybris ist keineswegs ein genuines Problem der 90er Jahre, sondern taucht schon sehr früh in der Filmgeschichte auf. Ein frühes, exemplarisches Beispiel dieser Art von Film, findet sich in: „Golem – wie er in die Welt kam" produziert im Jahre 1920. Hierbei handelt es sich freilich nicht um einen Film des Genres Science-fiction, der Streifen kann eher dem Fantasy-Bereich zugeordnet werden; nichts desto Trotz finden sich einige Parallelitäten. Der Stoff erfreute sich einer langen Tradition innerhalb der jüdischen Mythologie, und fand einen breiten, literarischen Niederschlag in der deutschen Romantik.[63] Der Golem des Filmes ist ein aus Lehm geformtes singuläres Wesen, das im Gegensatz zu folgendem Filmbeispiel, nicht kraft technischen Wissens, sondern mit hermetischem Geheimwissen zum Leben erwacht. Okkulte Schriftzeichen[64], die in der kabbalistischen Tradition der Juden eine große Rolle spielen, erwecken die Figur zu ihrem Dasein. Das Zeichen wird in einem Davidsstern eingraviert, der, an die breite Brust des leblosen Lehmklumpens geheftet, diesen mit Leben einhaucht. Geschaffen wurde die Figur von einer hohen geistigen Führungspersönlichkeit der jüdischen Gemeinde in Prag, dem al-

---

[63] mehr dazu: Was ist der Golem? Dokumente und Erinnerungen; in: Künstliche Menschen, Hg. Rolf Aurich, S.73ff.
[64] Dieses Schriftzeichen muß der Rabbi Löw den Geistern erst in einer spiritistischen Sitzung mühevoll abringen.

ten Rabbi Löw. Sie soll die jüdische Gemeinschaft in Notzeiten vor Feinden bewahren; und in der Tat errettet der Riese die Stadt von einer Bedrohung. Aber die Schöpfung pervertiert, aufgrund zweckfremder Benützung aus eigennützigem Interesse; der Famulus will sich mittels des Golems seines Rivalen in Liebesdingen entledigen. Das hat ungeahnte Folgen, das Wesen rebelliert gegen seine Schöpfer und pervertiert die ihm zugewiesene Aufgabe, er zerstört sukzessive die Gemeinde und droht die Menschen zu vernichten. Nur einem kleinen, unschuldigen Kind gelingt es, den Golem aufzuhalten und zu Staub zerfallen zu lassen. Die Motive des Filmes bzw. des Mythos „Golem": die Selbstherrlichkeit der Schöpfer, die Rebellion der Schöpfung gegen ihre Schöpfer und die Abwendung der Gefahr durch ein unschuldiges Wesen[65], finden sich auch im Film „Matrix" wieder. Dabei hat sich die Gabe der Lebensspendung von der spirituellen zur technischen Autorität hin verlagert, die neuen 'Golems' sind technischer Natur. Der Film, die „Matrix" setzt am Ende des Golem- Mythos an, die Welt ist bereits mit künstlichen Wesen durchsetzt, die natürlichen Menschen bilden die Ausnahme der Bevölkerung. Das technische Pendant zum Lehmklumpen hat sich längst selbstständig gemacht und trachtet nach der Auslöschung der Menschheit, deren es nicht mehr bedarf. In den knapp 80 Jahren hat sich die Ausgangslage der beiden Filme entschei-

---

[65] Das Motiv des unschuldigen Unwissenden, der allein die Würde besitzt eine heilige Mission zu erfüllen, findet sich bereits in der Sage von König Artus und den Rittern der Tafelrunde. Parsifal, der Unwissende, findet den gesuchten hl. Gral und wird damit zum Bote des neuen Glaubens, des Christentums.

dend verändert, der Grund für diese Verschiebung wird ebenfalls erörtert.

Inhaltsangabe
Die beiden Brüder Larry und Andy Wachowski beendeten die Dreharbeiten zu „Matrix" 1998, für den sie im Vorfeld fünf Jahre recherchiert hatten. Angesiedelt wurde der Film im Science-fiction Genre, als spezifisches Vorbild diente William Gibsons Roman „New Romancers", daneben suchten sie sich Anleihen in vielen verschiedenen Kulturgattungen: Comic, Literatur (Alice im Wunderland von Lewis Carrol), Elemente aus christlicher und griechischer Philosophie, Fragmente aus den fernöstlichen Religionen, dem Buddhismus, aber auch der Parzifalsage, sowie Anleihen aus den visuellen Kampfballetts John Woos. Zum Inhalt:

Thomas Anderson, ein Angestellter einer renommierten Softwarefirma am Ende des 20. Jh. plagt eine zentrale Frage, die Frage nach dem Wesen der „Matrix". Deshalb hackt er sich nacht für nacht, unter seinem Decknamen Neo, durch sämtliche Computernetzwerke des Planeten. Aufgrund einer unheimlichen Computerbotschaft, die, wie von Geisterhand getippt, auf seinem Bildschirm flimmert, folgt er, Alice im Wunderland nachahmend, dem weißen Kaninchen. (Dies tritt in Form der Tätowierung auf dem Arm eines Mädchens auf). Die Trägerin des Tieres bringt den Verdutzten zu Trinity, einst gefürchtete Hackerin und jetzige Botschafterin der Widerstandsgruppe rund um den berühmten Kopf Morpheus. Trinity enthüllt diesem, daß Agenten der „Matrix", bzw. die Polizei ihm bereits auf der Spur seien. Am nächsten Morgen, Thomas hat verschlafen und wird deswegen von seinem Chef gerügt, bringt ihm ein Paketbote ein Handy, das sofort zu läuten beginnt. Am anderen Ende meldet sich Morpheus, der ihn eindringlich vor seiner unmittelbar bevorstehenden Verhaftung warnt. Die Flucht mißlingt, Thomas wird in ein Polizei- Verhörzimmer gebracht; der zuständige Chef- Ankläger und Mitarbeiter einer Spezialeinheit konfrontiert Thomas, mit einer dicken Akte - seine Computerverbrechen - und schlägt diesem ein Geschäft vor. Falls er mithelfe, Morpheus zu fassen, seien sie bereit, seine Weste weiß zu waschen. Thomas winkt höhnisch ab, und verlangt ein Telephonat mit seinem Anwalt führen zu dürfen. Daraufhin wächst ihm, auf groteske Weise, der Mund zusammen und er wird sprachunfähig. Der Agent entnimmt aus einer metallenen Box eine Art mechanischer Skorpion, der durch den Bauchnabel von Thomas in seinen Körper schlüpft. Schweißgebadet erwacht dieser in seiner Wohnung, worauf wiederum das Telephon läutet. Es meldet sich Morpheus und dirigiert jenen zu einem Treffpunkt; ein Auto hält dort, Thomas steigt ein. Im Anschluß an eine kurze Diskussion, zwischen Neo und Trinity, nimmt diese eine Spezialvorrichtung in die Hand, um die Wanze aus Thomas Körper zu entfernen; er erkennt: das Verhör war kein Traum, sondern hat tatsächlich stattgefunden. Die Wanze diente, so erfährt der Verwunderte, als eine Art Peilsender, um den Träger jederzeit orten zu können. Man bringt ihn zu Morpheus, der anscheinend schon seit langem auf diese Begegnung gewartet hat. Nach einleitenden Worten hält dieser Neo[66], so wird er in

---

[66] Auch in diesem Fall werden der Titelfigur zwei Namen zugedacht; die Systematik ist hier: Thomas bezieht sich auf das bürgerliche Alter Ego vor der Zeit seiner Einweihung in die Welt der Matrix, Neo auf seine Existenz als Eingeweihter.

weiterer Folge von der Gruppe genannt, zwei Tabletten unter die Nase, eine blaue des Vergessens, und eine rote – die Tablette der Wahrheit. Morpheus warnt, dies sei die letzte Möglichkeit sich zu entscheiden, danach sei eine Rückkehr unmöglich. Neo entscheidet sich für die rote Pille und wird anschließend auf eine Art Zahnarztstuhl geleitet, um den eine Reihe von Computertischen aufgebaut ist. Er greift in einen Spiegel, dessen Sprünge sich durch Geisterhand wieder zu schließen scheinen – das Glas verhält sich wie flüssiges Metall. Dieses Metall breitet sich, ausgehend vom Finger, über den ganzen Körper Neos aus und droht ihn zu erstarren. Fieberhaft suchen die Mitarbeiter Ortung mit Neos Körper aufzunehmen.

Szenenwechsel. In einem rötlich beleuchteten, künstlichen Riesenuterus bewegt sich ein Mann. Er durchbricht die Außenhaut, richtet sich auf und betastet einen faustdicken Kabelanschluß an seinem Nacken, mit dem er an den Uterus gebunden zu sein scheint (eine Art verkehrte Nabelschnur). Eine insektenartige Maschine (alle Maschinen sind von insektoider Gestalt) packt den Mann am Hals, löst die Nackenverbindung und läßt ihn fallen; auf dieses Signal hin, sprengen sich auch alle anderen Verbindungen zwischen Körper und Uterus – am Rücken sowie an den Armen. Durch ein Loch wird der Körper am Ende in einen riesigen See gespült. Dort taucht aus einer lichtdurchfluteten Ladeluke ein Greifarm auf, der den Körper packt und in den Schiffsbauch der „Nebuchadnezzar" zieht. Dieser Körper wird von Morpheus, der sich nun als Kapitän des Schiffes vorstellt, als der reale, wirkliche Körper Neos bezeichnet. Er und die Crew empfangen den „Neugeborenen" und bringen ihn in die Revitalisierungsklinik. Nach erfolgreichem Aufbau des physischen Körpers weiht Morpheus den Geborgenen in das Geheimnis der Matrix ein. Die Matrix ist ein hochkomplexes Computerprogramm, das sich über die Nackenleitung direkt in das Gehirn des einzelnen Menschen einklinkt und diesem eine Welt vorspiegelt, in der er zu leben glaubt. In Wirklichkeit aber wird jeder Mensch in den zuvor gesehenen Uteri gehalten, künstlich ernährt und beatmet. Morpheus erzählt dem Verdutzten, wie es zu dieser Entwicklung kam. Zu Beginn des 21. Jh. hatte die Menschheit große Fortschritte in der Entwicklung von Maschinen erzielt, die mit künstlicher Intelligenz ausgestattet waren. Die Erfindung sollte sich jedoch bald gegen ihren eigenen Erfinder richten, es begann ein Krieg zwischen Menschen und den intelligenten Maschinen. Diese waren nun in der Lage, sich selbst zu produzieren und vor allem zu verbessern; sie hatten das Gesetz der Evolution entdeckt, sie bedurften der Menschenhand nicht mehr, waren daher auch nicht mehr durch humane Eingriffe zu stoppen. Also mußte man einen Weg finden, ihre Energiequelle auszuschalten. Aufgrund ihrer Versorgung mit Solarenergie verdunkelte die Menschheit den Himmel und nahm an, die Maschinen wären ohne Energieversorgung nicht überlebensfähig. Die Maschinen aber bedienten sich in weiterer Folge der Körperwärme des Menschen als Energiequelle. Sie begannen die Menschen, in riesigen Farmen, für ihre Energieproduktion zu züchten, und entwickelten, als Ablenkung für die zu Batterien degradierten Menschen, eine künstliche Realität, in der sie scheinbar ihren alltäglichen Geschäften nachgingen: die Matrix. Er, Neo, sei jener Auserwählte, der imstande sei, die Matrix nach seinem Willen zu beeinflussen und die Menschheit zu retten. Neo zweifelt am Gehörten und Gesehenen, nimmt aber sein Lern- und Trainingsprogramm auf; am Ende seiner Ausbildung führt Morpheus ihn dem Orakel vor, welches seit Beginn des Widerstandes die Menschen begleitet und beraten hatte. Dies teilt dem Verunsicherten mit, er hätte zwar die Gabe, aber er sei nicht der Auserwählte, außerdem würde entweder Morpheus oder er sterben; wer, das läge nur in seiner Hand. Während des Versuchs zurück in das Schiff zu gelangen, eskaliert die Situation. Ein Mitglied der Crew, Cypher hat den Standort des Teams an die Agenten verraten. Um Neo zu retten, opfert sich Morpheus, dieser wird verhaftet. Cypher gelingt es, drei Mitglieder der Crew zu töten, ehe er selbst unschädlich gemacht wird. Entgegen den Ratschlägen der beiden verbliebenen Crew- Mitgliedern entscheidet sich Neo, Morpheus zu retten. Die Aktion gelingt, der Anführer und Trinity erreichen wohlbehalten das Schiff; die drei sind von der Auserwähltheit Neos restlos überzeugt, aber da geschieht das unfaßbare: Neo wird von einem der Wächter erschossen und scheint zu sterben, dies könnte aber nicht sein, wenn er der Auserwählte wäre. Die Enttäuschung ist grenzenlos. Trinitys Liebeserklärung an Neo läßt das Wunder Wirklichkeit werden. Neos Lebensgeister erwachen wieder und er „steht von den Toten auf". Dabei hatten die Anzeigen der Herzfunktion über seinem Kopf, schon den Stillstand des Herzmuskels angezeigt. Nun ist er fähig, Kugeln im Flug aufzuhalten und Wächter einfach zu durchfliegen – er ist der Auserwählter, der gesuchte Erlöser.

Dramaturgische Analyse

Gliederung des Films

Man kann diesen Film analog zum Film Gattaca in fünf Blöcke gliedern, wobei sich hier die Trennlinien nicht derart glatt ziehen lassen, da das dramaturgische Konzept des Filmes organischer ist und die Blöcke untereinander verwoben sind.

DIE TITEL: Diese sind relativ einfach gehalten, sie zeigen grüne Zahlen- und Zeichenkolonnen auf schwarzem Hintergrund, die wie Regentropfen von oben nach unten fallen. Die Zeichenkolonne ist mit dem visuellen Symbol für die unkodierte Matrix identisch. Unkodierte Matrix heißt, nur die Computeranweisungen - die Befehlsketten - ohne die zugehörige Umwandlung in Bildsignalen. Jedes Bild existiert für den Computer in einer Reihe von Zahlenanweisungen, welche dieser Schritt für Schritt ausführt und dergestalt ein Bild aufbaut. Eine solche Abfolge von Schritten heißt für den Computer: zeichne einen roten Punkt an Koordinate x_1/y_1, danach einen grünen Punkt an Koordinate x_2/y_2, verbinde diese beiden Punkte und so weiter. Im Gegensatz zum ersten Film wird hier noch keine Geschichte erzählt, sondern nur die wesentlichen Namen aufgelistet.

VORGESCHICHTE: Trinity übernimmt freiwillig eine Überwachungsschicht, in der Neo kontaktiert werden soll; Cypher, der sich später als der Verräter herausstellen wird, kommentiert ihre freiwillige Sonderschicht mit beißendem Sarkasmus, außerdem hat er Trinitys Standpunkt den Wächtern verraten, weswegen diese ihr auf die Spur kamen. Es gelingt ihr aber, in einer tollkühnen Aktion, zu fliehen. Dramaturgisch hat die

Vorgeschichte folgende Funktion: Der Rezipient soll bereits zu Beginn durch die visuelle Dramatik gefesselt werden, gleichzeitig soll klar gelegt werden: Dinge des normalen physikalischen Weltbildes sind in dieser fiktiven Filmwelt außer Kraft gesetzt. Außerdem sind zwei verschiedene Gruppen auf der Suche nach einer bestimmten Person (Neo), und nebenbei wird das Motiv des Verrates bereits angelegt.

EXPOSITION: Die Hauptperson Thomas/ Neo wird eingeführt, sowie der Handlungsort und -zeit, eine beliebige, nicht näher definierte Großstadt am Ende des 20. Jh. Beides, Ort und Zeit der Handlung werden sich als Trugbilder herausstellen, dies spielt für die Definition keine Rolle, da sich der Großteil des Handlungsstrangs in diesem Rahmen abspielen wird. Das Kippmoment zwischen Exposition und eigentlicher Handlung läßt sich bei dem vorliegenden Film schwer ausmachen, (im Gegensatz zu Gattaca siehe vorher) da Exposition und Handlung ineinander fließen. Trotzdem läßt sich ein Moment des Überganges feststellen. Näheres dazu in: Motiv weiter unten.

MOTIVATION: Zwei verschiedene Motive die Hauptperson betreffend, tauchen auf. Neos strebt nach dem Wissen, was das Wesen der Matrix sei. Das Bestreben von Morpheus und der restlichen Crew ist hingegen die stete Suche nach dem verheißenen Führer, den Morpheus in Neo gefunden zu haben glaubt. Jener soll über die Gabe verfügen, die Matrix nach seinem Belieben zu verändern und unschädlich machen zu können. Der neuralgische Punkt der Handlung ist Neos zweite, eigentliche Geburt. Erst ab dem Moment, mit der nachfolgenden Aufklärung durch Morpheus, wird Neo und mit ihm den Zuschauern klar, welche Gesetze in der Welt der Matrix gelten.

Die Matrix ist nicht real, sondern nur eine Illusion, perfekt zwar, aber doch eine Illusion. Von diesem Moment an, werden die Irritationen, hervorgerufen durch Brüche der physikalischen Gesetze, plausibel. Die Filmhandlung kreist nun um die Auserwähltheit Neos, das Training, die Prophezeiung und endlich die Umsetzung des Trainings und der Entwicklungsgeschichte zur Führergestalt in die harte Welt der Matrix.

Zur Exposition

Die Filmpersonen werden sukzessive eingeführt. Als erste der Hauptfiguren taucht Trinity auf, die in ein Telephongespräch mit einem Unbekannten[67] verwickelt ist. Sie verwirrt den Zuschauer mit einer nichthumanen Kampfkraft, (gegen die Polizisten) und dem Vermögen, fliegen bzw. sehr weit springen zu können. Die Agenten, als die Hauptgegenspieler allen voran Agent Smith, treten ebenfalls in dieser Szene in Aktion. Auch sie verfügen über Fähigkeiten, die weit von den menschlichen Kapazitäten entfernt sind. Insgesamt präsentiert sich dem Zuseher eine Welt, die er zwar optisch mit seiner eigenen identifizieren kann, die aber von Menschen mit überhumanen Fähigkeiten und überhumaner Grausamkeit bevölkert ist. Verwirrung und damit Spannung wird aufgebaut, d.h. der Rezipient fragt sich: was ist da los? Diese Vorgehensweise haben wir schon in vorangegangenen Film kennengelernt, sie dient in erster Linie dazu, die Zuschauer zu verwundern und dadurch deren Neugierde zu schüren.

---

[67] Der hörbare Sarkasmus des Unbekannten kann zu dieser Zeit nicht interpretiert werden, erst zum Zeitpunkt des Verrates durch Cypher wird dieser verständlich.

Auf diese überaus dynamische Szene folgt die Überleitung. Die Agenten aktivieren eine Computersuchroutine, um die Person Neo zu finden. Von einem allgemeinen Suchauftrag, den die Agenten veranlaßt haben, wird auf Neos Bildschirm geschnitten, der seinen Computer ebenfalls mit einer Suche beauftragt hat.[68] Damit ist die Hauptperson der Filmhandlung eindeutig zu identifizieren, obwohl diese keineswegs den Eindruck eines heldenhaften Verhaltens an den Tag legt. »Follow the white rabbit«[69] fordert eine geisterhafte Schrift den verschlafenen Neo auf, die Spur zu folgen. Es handelt sich hier um ein Bild aus „Alice im Wunderland" von Lewis Carrol, anspielend auf die Szene, in der Alice den weißen Hasen in den Wunderbau folgen wird. Der Plot-Point, von dem wir im Zusammenhang mit dem Film „Gattaca" gesprochen haben, wird nicht mit derselben Gewichtung unterstrichen, wie in „Gattaca" (siehe Exkurs: Dramaturgie). Der Dialog zwischen Trinity und Neo kann als Umkehrpunkt gelten, erstens weil zwei der drei Hauptträger des Filmes aufeinandertreffen und zweitens Neo seine entscheidende Motivation an dieser Stelle dem Publikum offenbart. Die geistige Orientierungskarte wird sehr zögerlich vervollständigt, am Ende der Exposition kennt der Zuschauer lediglich den Hauptdarsteller, die Vermittlerfigur Trinity, die Gegenspieler und den Namen einer nicht näher spezifizierten Figur: Morpheus.

---

[68] Der Film wurde 2000 mit der Filmauszeichnung Oscar in der Kategorie Best Editing an Zach Staenberg prämiert.
[69] Schriftzug, der auf dem Bildschirm Neos erscheint

Motiv

Eine wichtige Information für den Zuschauer fehlt noch, das Motiv der Hauptperson für seine Handlung. Dabei ist wichtig anzumerken, die Hauptperson wird nicht als aktiv handelnd, sondern als passiv erleidend eingeführt. Er setzt nicht die Akzente und die autonomen Handlungen, im Gegenteil er reagiert ständig auf seine Umwelt. Diese Haltung wird sich erst sehr spät im Film ändern, daran ist sich der Transformationsprozeß erkennbar, den die Figur im Laufe der Filmhandlung durchläuft. Sie wird von einer passiv- erleidenden zu einer aktiv- handelnden Figur: sie entwickelt sich zu einer Führergestalt. Es ist also filmlogisch konsequent, wenn Trinity das Handlungsmotiv von Neo offenbart.

> "Please just listen. I know why you're here, Neo. I know what you've been doing. I know why you hardly sleep, why you live alone, and why night after night you sit at your computer. You're looking for him. I know, because I was once looking for the same thing. And when he found me, he told me I wasn't really looking for him. I was looking for an answer. It's the question that drives us mad. It's the question that brought you here. You know the question just as I did". Worauf Neo antwortet: „What is the Matrix".[70]

Das Motiv ist nun explizit ausgesprochen, nun will auch der Zuschauer wissen, was die Matrix ist. Vorher hatte der Betrachter keine Möglichkeit auch nur zu erahnen, was Neo zu seinem Verhalten motiviert hat, er war nur für 20" zu sehen. Die Regie hat sich zu einer verbalen Äußerung des Motivs ent-

---

[70] Wachowski, Matrix, Filmscript, S. 3/25

schieden, im Gegensatz zu der visuellen Umsetzung, die wir im Film „Gattaca" – mit der Schärfenverlagerung auf das Haar – kennengelernt haben. Zu einer visuell- filmischen Umsetzung des Motivs steht einerseits nicht genügend Filmzeit zur Verfügung, andererseits kann dieses Rätsel erst nach der Offenbahrung durch Morpheus gezeigt werden, sonst entsteht ein dramaturgischer Vorgriff. Das heißt aber auch, für den Film ist die Frage nach ‚dem Wesen der Matrix' nicht so relevant wie das Hauptmotiv des Filmes: ist Neo der prognostizierte Auserwählte oder nicht? Dies Motiv spricht Morpheus an, während er mit dem Helden, nach dessen Verhör telephoniert und wiederholt dies mehrmals. Damit ist dramaturgisch die eigentliche Fragestellung eindeutig gewichtet. Zuvor muß aber dem Zuschauer noch die Frage nach dem Wesen der Matrix beantwortet werden. Sie haben sich mit Neo identifiziert und wollen nun auch wissen, was dieser wissen will. Daher zerfällt die Filmhandlung grob unterteilt in zwei Blöcke.

Haupthandlung
Aufgrund der Frage nach dem eigentlichen Motiv des Filmes läßt sich die Haupthandlung, wie oben bereits festgestellt, in zwei dramaturgisch getrennte Blöcke einteilen. Der erste Teil der Handlung klärt die Fragen nach dem Wesen der Matrix, dem großen Rätsel, auf. Dabei werden geschickt immer neue Figuren und Handlungsorte in die Szene eingeführt. Die Definition der Exposition, Festlegen der Hauptfiguren und des Handlungsrahmen wird in diesem Film nicht allzu streng genommen. Mit Morpheus wird eine der wichtigsten Figuren relativ spät als Person visuell präsentiert, sie wird aber, durch die häufige Erwähnung seines Namens, gut vorbereitet. Damit

wird gleichzeitig Spannung erweckt, wer könnte diese geheimnisumwitterte Gestalt sein? Der zweite wichtige Handlungsspielraum, das Schiff und die Matrix als jener Ort, der vorher als die reale Umgebung bekannt war, werden erst mit der endgültigen Abnabelung von Neo offen gelegt. Das heißt, Exposition und Handlung sind in diesem ersten Handlungsblock miteinander verquickt. Im Prinzip ist dieser Block dramaturgisch dem „Flash-Back", des Filmes Gattaca, verwandt. Beide liefern die nötige Rahmeninformation für das vollständige Filmverständnis, bei Matrix ist dies mit spannungsgeladenen Handlungselementen gepaart, die Aufmerksamkeit des Zuschauers bleibt erhalten. Diente der Flash-Back in Gattaca dazu, wichtige Details des sozialen Lebens der entworfenen Welt zu vermitteln, so hat dieselbe Funktion im Fall der Matrix, die Aufklärungsszene durch Morpheus; hier wird der soziale Hintergrund der futuristischen Welt näher erläutert. Die Frage: „was passiert mit der Welt, wenn intelligente Maschinen die Erde übernehmen?" wird hier erläutert.

Der zweite Handlungsblock beginnt mit dem Ende des Sprungprogramms. Neo kennt nun die wesentlichen Gesetze der Matrix, weiß, daß Morpheus ihn für den Auserwählten hält und ist sich über die tödlichen Gefahren, die dort lauern im klaren.

> Neo: I thought it wasn't real.
> Morpheus: Your mind makes it real.
> Neo: If you're killed in the Matrix, you die here?
> Morpheus: Your body cannot live without the mind.

Dramaturgisch ist dieser Absatz äußerst wichtig. Durch die Feststellung, die Matrix sei im Grunde nichts anderes als ein komplexer Cyberspace, könnte der Zuschauer glauben, die Figuren seien analog zu den Helden eines Computerspiels unsterblich und könnten jede noch so tödliche Verletzung überleben. Dies würde sich aber, durch die Identifikation der Rezipienten mit den Figuren, lähmend auf die Spannung auswirken, weil man sich um sie nicht zu fürchten bräuchte. Morpheus macht jedoch klar, daß eine tödliche Verwundung im Cyberspace unweigerlich den Tod in der realen Welt zur Folge hätte. Um dies dramaturgisch zu unterstreichen, und die Spannung bis zum Schlußkampf hoch zu halten, dient der Film-Tod der drei Crewmitglieder. Der Zuschauer erfährt die Verletzlichkeit der Filmfiguren direkt, das Mitgefühl wird, über die Identifikation, hochgehalten. Wenn die drei Nebenfiguren sterben, könnte dies auch die Hauptfiguren treffen.

Der zweite Handlungsblock bedarf keiner weiteren zusätzlichen Information. Alle Figuren und alle Spielorte sind bekannt, die Interaktion kann sich nun, zwischen den Figuren, ohne Ablenkung entfalten. Dieser Block beginnt dramaturgisch mit dem zweiten Einstieg in die simulierte Realität, in der, wie wir zuvor festgestellt haben, Neo die Möglichkeit seines physischen Todes in der Matrix kennengelernt hat. Dramaturgisches Motiv des 2. Handlungsblockes ist die Entwicklung Neos hin zur Erlösergestalt. Als Spannungsträger dient diesem Filmteil die Oszillation der Argumente, zwischen Affirmation und Negation, d.h. die endgültige Klärung der Erlöserfrage enthüllt sich erst am Ende des Filmes. Auch das Orakel, welches im zweiten Teil eine Schlüsselrolle spielt, bietet keine definitive Antwort. Ein weiteres, dramaturgisch wichtiges Motiv ist der Verrat der Widerstandsgruppe an die Agenten, durch das Mitglied Cypher. Dieser wird in der Eröffnungsszene angedeutet, und im weiteren Verlauf klingt dafür ein Motiv – die Eifersucht - an. Als Trinity, dem vom Training erschöpften Neo, das Essen in seine Koje bringt, und nach Verlassen des Raumes auf Cypher trifft, meint dieser zynisch, sie hätte ihm nie das Essen gebracht, obwohl er sie einst liebte. Im folgenden Gespräch trifft Cypher auf den Agenten Smith; sie besprechen die Konditionen des Verrates, Cypher verspricht Morpheus auszuliefern. Smith spricht Cypher mit dem Namen Mr. Reagan an, auf die Frage der Bedingungen fordert dieser, in der Matrix prominent bzw. Schauspieler zu sein. (Seitenhieb auf den ehemaligen Schauspieler und nachmaligen Ex-Präsidenten Ronald Reagan?). Nach diesem Gespräch, während die Gruppe zum Orakel unterwegs ist, wirft Cypher ein eingeschaltetes Telephon in einen Papierkorb; ein visuelles Zeichen für den vollzogenen Verrat. Das besondere an diesen Verratsszenen ist der Standpunktwechsel; normalerweise nimmt der Zuschauer den Standpunkt Neos ein, d.h. er erfährt die Filmhandlung mit dessen Augen. Hier aber, als einzige Szene im Film, nimmt der Rezipient eine auktoriale Stellung ein, er hat wichtige Informationen, die den handelnden Figuren fehlen. Dieser Perspektivenwechsel ist wichtig, um den Verrat verstehen zu können. Gleichzeitig kann Cypher seine Begründung für sein Handeln und gleichzeitig berechtigte Kritik an der Vorgehensweise der Gruppe anbringen.

> Agent Smith: Do we have a deal, Mr. Reagan?
> Cypher: You know, I know this steak doesn't exist. I know that when I put it in my mouth, the Matrix is telling my

brain that it is juicy and delicious. After nine years, you know what I realize? Ignorance is bliss.[71]

Er bringt die Angst der vielen vor der Wahrheit zum Ausdruck, die sich in der bestehenden Gemütlichkeit wohl fühlen und um keinen Preis eine Veränderung herbeiführen wollen. In den Augen dieser vielen, mutet die Widerstandgruppe tatsächlich als eine Terrorgruppe an, welche wahllos mordet und zerstört. Was sie vor allem anzubieten haben, ist eine kalte, nackte Welt: »This is the world as it exists today... Welcome to the Desert of the Real«[72]. Dabei zeigt Morpheus Neo auf eine dunkle Ruinenstadt im danebenstehenden Fernseher, die Restbestände der einst blühenden Metropolen, die an die atombombenzerstörten Städte der Filme „The Day After" erinnern, nicht sonderlich einladend, in der Tat. (Man darf gespannt sein, wie die Regisseure die reale Welt, in den beiden geplanten Sequels, darstellen werden)[73]. Man kann dies auf zweierlei Arten werten, einerseits als Versuch der Filmemacher deutlich zu machen, daß selbst ehrlich gemeintes Heldentum in sich problematisch ist. Keine Figur, ob lebend oder fiktional kann für die gesamte Menschheit positiv sein, zu verschieden sind die jeweiligen Interessen der verschiedenen Gruppen. Die zweite Möglichkeit wäre, sie wollten nur die Lebensform des Hedonismus als negative Antithese zur heldenhaft- asketischen Aufopferung etablieren. Es spricht vieles für die zweite Möglichkeit. Cypher spricht breit angelegt über das

---

[71] Wachowski, Matrix, Filmscript, S.12/25
[72] Morpheus, Matrix, Filmscript, S.7/25
[73] Dieses Kapitel wurde vor Beendigung des Nachfolgefilms „Matrix Reloaded" geschrieben. Im zweiten Teil wird dieses Problem nicht sonderlich elegant gelöst, die Autoren haben sich beschränkt, von der Realwelt nur die Höhlen von Zion zu zeigen.

gute (virtuelle) Essen und strebt außerdem nach Reichtum und Berühmtheit, während Neo und die Crewmitglieder brav den im Schiff gebotenen Fraß löffeln. Dadurch wird ihre Askese Teil ihres Heroismus, da sie für die „gute Sache" kämpfend, auf jeglichen persönlichen Luxus verzichten. Die Kritik schwingt jedoch mit und bricht das duale Denken. Alles, was die gute Seite vollbringt, ist a priori gut und alles was, die böse Seite tun, ist verwerflich. Die Gruppe handelt wie eine Terrorzelle, welche die Zivilisten – auf dem Weg der Befreiung – teilweise auch als ihre potentiellen Feinde betrachten.

> Morpheus: The Matrix is a system, Neo. That system is our enemy. But when you're inside, you look around. What do you see? Businessmen, teachers, lawyers, carpenters. The very minds of the people we are trying to save. But until we do, these people are still a part of that system, and that makes them our enemy. You have to understand; most of these people are not ready to be unplugged. And many of them are so inert, so hopelessly dependent on the system that they will fight to protect it. Were you listening to me Neo, or were you looking at the woman in the red dress?[74]

Auch für sie sind die Zivilisten eine Gefahr, die im Notfall mit einem gezielten Schuß zu beseitigen ist. Diese sind Teil des Feindes, mit welchem sie kooperieren. Von der anderen Seite betrachtet, also von der überwiegenden Zahl der Nicht-Rebellen, unterscheidet sich diese Gruppe nicht von einer fanatischen Terrorgruppe der rezenten Zeit. Sie sind im Besitz einer einzig für richtig erklärten „Wahrheit", welche nicht er-

---

[74] Morpheus, Matrix, Filmscript, S.11/25

klärt wird, sondern nur durch den Selbstversuch erfahren werden kann. »Unfortunately, no one can be told what the Matrix is. You have to see it for yourself. This is your last chance. After this there is no turning back.«[75] Eine gewisse Nähe zu esoterischen Gruppen läßt sich hierin finden, da auch deren Wahrheiten ebenso nicht verbalisierbar bzw. lehrbar sind, sondern nur vom Einzelindividuum erfahrbar sind[76]. Damit aber entzieht sich diese Wahrheit jedem Versuch der Verifikation, denn wer diese Wahrheiten nicht als solche erkennt, ist deren nicht würdig und kann diese daher gar nicht erkennen. Wer aber diesen würdig ist, wird sich hüten, das Gegenteil zu behaupten, sonst gehört er nicht zu dieser Gruppe.[77] Die Welt sei, so die Rebellen der Matrix, eine Täuschung, in der eine bestimmte Gruppe die Menschheit versklavt, und diese könne nur gewaltsam überwunden werden. (Auch dies findet sich oft in den Verschwörungstheorien von esoterischen Gruppen, die Ursprüngliche Idee der grundsätzlichen Schlechtigkeit der Welt rekurriert auf die Gnosis von Marcion[78].) Die Cyberkämpfer zwingen der Menschheit eine Lebensform auf, die nur sie für richtig halten können, da die überwiegende Mehrheit nicht die Wahl zwischen den beiden Alternativen haben. Sie kennt nur eine von diesen beiden Welt-

---

[75] Morpheus, Matrix, Filmscript, S.6/25
[76] Uriella, Fiat Lux; die Sonnentempler und viele andere esoterische Gruppen argumentieren auf derselben Linie, und werden dadurch für ihre Kritiker praktisch unantastbar.
[77] Dieses Problem bringt das Märchen von Kaisers neue Kleider wunderbar auf den Punkt, bei dem die Untertanen die neuen, nichtvorhandenen Kleider des Kaisers beklatschen und bewundern, aber nicht den Mut aufbringen, den wahren, nackten Sachverhalt ansprechen; bis ein kleines Kind diesen Bann bricht.
[78] Dazu in Brumlik, die Gnostiker, S.79ff.

bildern. Insofern ist Cypher der Aufklärer, der ein schwelendes Problem der Gruppe, in ihrer Interaktion mit der Umwelt aufdeckt, sodaß deren Methode eigentlich als Terrorismus bezeichnet werden kann. Nur weil der Zuschauer ihre Motive kennt und die Welt nur durch ihre subjektive Sichtweise erfährt, fällt die an sich brutale Methode nicht als solche auf.

Der nächste, dramaturgisch wichtige, Punkt ist die Selbstopferung von Morpheus, um Neo, seinen Schüler zu retten. Damit veranlaßt er Neo das erste Mal, aktiv die Initiative zu ergreifen, um das Geschehen zu verändern. Hier wird der einsetzende Transformationsprozeß deutlich, vom ungläubigen, passiven Adepten - zur aktiven Heldengestalt, dem die für unmöglich gehaltene Mission, Morpheus aus der Hand der Wächter zu befreien, gelingt. Mit der Stärkung des Schülers geht zwangsläufig eine Schwächung des Lehrers einher. Konsequenterweise schafft Morpheus seinerseits den rettenden Sprung aus dem Fenster in den Hubschrauber nicht, sondern muß von Neo aufgefangen werden. (In der Zeit der Lernphase war dies genau umgekehrt, dort hat Neo beim Sprung versagt und ist in die Tiefe gestürzt). Der Schüler hat den Lehrer überflügelt, er bedarf seiner nicht mehr. Ausgangslage ist die Entführung des Lehrers, der Schüler steht plötzlich alleine da und muß, auf sich selbst gestellt, das gelernte Wissen in die Praxis umsetzen. In vielen Filmen dieser Art kommt der Lehrmeister entweder um, (Star Wars IV, der Meister Obi Wan wird getötet, der Zögling muß seine Mission alleine weiterführen, weiters Highlander etc.) oder wie im vorliegenden Fall, der Schüler muß den Lehrer retten; die Hierarchie ist in beiden Fällen umgedreht worden.

Trinitys Liebeserklärung an Neo ist der letzte dramaturgische Höhepunkt am Schluß, angedeutet wird diese Liebe von Beginn an und findet mit den dramatischen Schlußereignissen ihre Emanation. Am Anfang des Filmes übernimmt Trinity freiwillig eine Schicht, in der Neo observiert werden soll, Cypher kommentiert dies, ihr würde es gefallen, den Jungen zu beobachten. Sie ist diejenige, die ihn auf die Fährte Morpheus bringt, und das Mädchen mit dem tätowierten Kaninchen als Botin zu Neo sendet. In der Betrachtung über die Exposition wurde festgestellt, daß sie zu Beginn die aktiv handelnde ist. Auch das Orakel spricht die Neigung Trinitys zu Neo an, dieser versteht jedoch die Anspielung in seiner Aufregung nicht. Mehrmals setzt Trinity an, Neo die Prophezeiung des Orakels zu beichten, sie würde sich in den Auserwählten verlieben; und sie wäre bereits in ihn verliebt, d.h. er müsse der Eine sein, aber jedesmal bricht sie vor Beendigung des Satzes ab. Erst als Neo erschossen wird, und die Monitoranzeigen keinerlei Herz- und Hirntätigkeit mehr zeigen, er also tot ist, gesteht sie ihm diese Prophezeiung. Die Macht der Liebe erweckt den Verstorbenen zu neuem Leben. Dramaturgisch nimmt sie die Mittlerfunktion ein, sie bringt den Schüler zum Lehrer, ermuntert ihn in schwierigen Phasen und bildet nach Entführung des Lehrers eine kongeniale Partnerin mit dem neuen Helden. Damit wird sie die Ergänzung der Heldenfigur zur Vollkommenheit. Die dramaturgische Gewichtung der drei Hauptfiguren ändert sich dementsprechend über den Film verteilt. Trinity ist zu Beginn und zu Ende des Filmes stark akzentuiert, während sie in der zentralen Phase des Films, der Lernphase, zu einer Nebenfigur wird. Morpheus Gewichtung verhält sich genau entgegengesetzt, zu Beginn und zu Ende tritt er nur spärlich auf, seine entscheidensten Momente finden sich während der Lern- und Ausbildungsphase Neos im Mittelblock des Filmes. Neo wird, obwohl er die meiste Bildpräsenz besitzt, aufsteigend zum Ende hin akzentuiert; erst dort tritt er selbstständig, aktiv entscheidend und handelnd, auf.

Zur Ikonographie des Films

Die filmisch- visuelle Umsetzung des Drehbuchbegriffes „Maschine" birgt eine Überraschung: ihre Gestalt wurde morphologisch den Insekten angenähert. Obwohl die Wächter auch zur Matrix, und damit zu den Maschinen gehören, werden sie von dieser Betrachtung ausgenommen, da sie in Gestalt von menschlichen Alter Egos auftreten. Sie gehören zum virtuellen Teil des Systems, die jede beliebige Gestalt annehmen können, da sie nur Computerprogramme sind. Die Maschinen, von denen hier die Rede sind wird, gehören zur realen, faktischen Ebene des Filmes.

Es finden sich spinnen-, quallen- und käferartig- mechanische Körper, die Teil eines „Reichs des Bösen" sind. Warum ausgerechnet Insekten? Insekten sind normalerweise von geringer Größe, relativ gesehen zur Größe des Menschen. Werden sie vergrößert, wirken sie verstärkt bedrohlich. (Da dies der Alltagserfahrung zuwiderläuft). Der bekannte Science-fiction Klassiker „Them!"[79] aus dem Jahr 1954 (Regie: Gordon Dou-

---

[79] Dieser Film steht ganz im Zeichen des Kalten Krieges, die Ameisen sind Stellvertreter der Roten Armee, die einen atomaren Schlag gegen die Vereinigten Staaten ausführen. Gleichzeitig wird einmal mehr die damalige Angst vor der nichterklärbaren Atomwirkung deutlich, unter der die Bevölkerung litt. Sie läßt sogar Ameisen wachsen und zu einer Bedrohung werden.

glas) spielt mit dieser Angst vor Insekten eindrucksvoll. Ein Ameisenstamm wächst plötzlich auf Hochhausgröße heran, verursacht durch einen atomaren Unfall in der Wüste. Diese beginnen daraufhin eine wahre Treibjagd auf die Menschen, bis sie endlich, in einem Tunnelsystem von L.A., durch das Militär vernichtet werden können. Insektenartige Kampfroboter als Feinde der Menschheit finden sich weiters in der 1997 entstandenen Science-fiction- Produktion von Paul Verhoeven „Starship Troopers".

Insekten sind den Menschen, an Lebensweise und vor allem an Gestalt, äußerst fremd, was zu starker Ablehnung von menschlicher Seite führt. Außerdem sind gerade Insekten mit negativen Assoziationen wie lästig: (Fliegen), schmerzend: (Mücken und andere Stechinsekten) sowie hochgradig giftig: (Spinnenarten) besetzt. In der Regel wächst die Angst vor einer Tierart mit entfernter Verwandtschaft; d.h. vor Säugetieren ist die Abscheu wesentlich geringer als vor Insekten. Der Grund ist, mit einer hohen Wahrscheinlichkeit, in der erschwerten Vorhersehbarkeit des Verhaltens von Insekten, zu suchen. Das Verhalten von Säugetieren zeigt, durch die enge Verwandtschaft mit den Menschen, hohe Parallelitäten zu unserem eigenen Verhalten und kann somit leichter vorhergesagt werden. Droh- und Angriffsgebärden sind einigermaßen verläßlich dem Mimik- und Gestikspiel des betreffenden Säugers zu entnehmen. Bei Insekten und anderen ähnlich weit entfernten Tieren, ist dies nicht der Fall. Wir sind nicht in der Lage, deren weiteres Verhalten vorhersagen zu können, und müssen damit, praktisch permanent, mit einem Angriff rechnen. Sie stellen also ein ideales Feld dar, um ohne weitere Erklärung Angst, Ablehnung etc beim Zuschauer hervorzurufen.

Die Argumentationslinie der Maschinen (oben zitiert), um die Ausrottung der Menschen zu rechtfertigen, lautet folgendermaßen: „der Mensch ist die Krankheit des Planeten", und sie selbst seien die „Retter" des Planeten, dies erinnert an die Schlagworte der Umweltbewegungen der achtziger Jahre, in denen solche drastischen Vergleiche wie Mensch = Virus geprägt wurden. Das Virus überfällt seinen Wirtsorganismus, beutet diesen bis zu dessen Ende aus, und breitet sich anschließend über alle weiteren erreichbaren Zellen aus → Epidemie. Die Drastik der Gleichsetzung: Mensch verhält sich wie die Viren, beruht auf die Konnotation von 'Virus', welche in den Achtzigern und vor allem in den Neunzigern stark durch die Verbreitung der unheilbaren Viruserkrankungen AIDS und der noch gefährlicheren Erkrankung Ebola geprägt wurde. Die neu entdeckte tödliche Form, der an sich harmlosen Viruserkrankung Grippe am Ende der neunziger Jahre, trug ebenfalls zur Virus-Hysterie bei. Das Ikon „Virus" verarbeitet der Film, zum zweiten Mal, an einer anderen Stelle. Neo wird mit einem Suchsender verwanzt, der morphologisch zwischen den bekannten schematischen Darstellungen, von Viren und von Skorpionen, steht. Dies ist eine optisch eindrucksvolle Lösung einer Infektion.

Die Hauptperson wird zu Beginn des Filmes als Hacker eingeführt. Hacker stammt aus der englischen Sprache und kommt von 'to hack', das bedeutet: »etwas unregelmäßiges zerteilen, ohne Können oder eigentlichen Zweck; etwas durch wiederholte Schläge mit einem scharfen Instrument zerstückeln.«[80] Im Gegensatz zur ursprünglichen Bedeutung, gelten Hacker als Spezialisten in den Belangen der Informatik. Sie werden als die neuen Helden der aufkommenden Netzkultur betrachtet. Hacker beschäftigen sich den Großteil ihrer Zeit damit, an die Zentralcomputer großer Firmen anzudocken, um die Schwachstellen von denen Systemen, bloßzulegen. Weltweites Aufsehen erregten Hacker, als es ihnen gelang, in den Zentralrechner des amerikanischen Pentagon einzudringen. Ein anderer Fall wirbelte in Deutschland viel Staub auf, als Hacker[81] das Netz einer deutschen Bank zu ihren Gunsten modifizierten und von dort eine größere Geldmenge auf ihr Konto transferierten. Die Hackergemeinde teilt sich in ein gemein- und ein eigennütziges Lager. Diese, von den letzteren begangen, kriminellen Akte werden aus materialistischen Gründen vollzogen. Die ersteren dagegen sind von uneigennütziger Natur, diese wollen vor allem auf bestehende Sicherheitslücken im Netz hinweisen. Des weiteren sind sie besonders um die Wahrung der Anonymität im Netz besorgt, und warnen User vor bekannte Übergriffe staatlicher oder privater Institutionen auf eigenen Internetsites.[82] Da sich Hacker als Einzelpersonen mit großen Firmen sog. Multi Players anlegen, gelten sie als „Under dogs". Im Sinn des Mythos David gegen Goliath,

---

[80] Weizenbaum, Die Macht der Computer, S.163
[81] Der Hamburger Hackerclub "Chaos Computer Club" wurde mit dieser Aktion schlagartig in einer erweiterten Öffentlichkeit bekannt. Er hat sich dem sog. ethischen Hacken verschrieben, d.h. das primäre Ziel ist Aufdecken von Schwachstellen im Sicherheitssystem des Netzes, unter Vermeidung von wirtschaftlichen und anderen Schäden.
[82] Der deutsche Film „23" von Hans Christian Schmid behandelt diese Thematik eindrucksvoll.

bekämpfen sie als die neuen Davids einen übermächtigen Gegner, daraus beziehen sie ihren Heldenstatus. Damit wird der Hacker zur Stellvertreterfigur, für die sich unterdrückt empfindende untere Schicht, die sich auf diese Art, gegen die herrschende Firmenoligarchie, zur Wehr setzt. Berühmt gewordene Hacker erfahren eine Verehrung, die jener der Popstars gleicht.

Die Vision der künstlichen Intelligenz

Religiöse Elemente des Filmes

Der Film ist mit einer Reihe von religiösen Motiven gespickt, die vorwiegend aus christlichen und gnostischen Tradition stammen. Aber es finden sich auch Motive aus der griechischen und fernöstlich- buddhistischen Tradition. Zu Beginn seien hier die christlichen Motive näher besprochen. Über die verschiedenen Einflußquellen äußern sich die beiden Wachowski- Brüder in einem Online- Chat: »Question: Your movie has many and varied connections to myth and philosophy, Judeo-Christian, Egyptian, Arthurian, and Platonic, just the name those I've noticed. How much of that was intentional? [Antwort der Autoren] WachowskiBros: All of It.«[83]

Neo handelt mit illegalen Computerdaten; einer seiner Kunden bezeichnend ihn scherzhaft als: »Choi: Hallelujah. You're my saviour, man. My own personal Jesus Christ«[84]. Der Bogen des Filmes spannt sich, auf der Ebene des Sprechtextes, vom persönlichen Retter Chois zum Christus der gesamten Menschheit. Dabei geht es in erster Linie immer wieder um

---

[83] Online Chat mit den Wachowski Brüdern; unter http://whatisthematrix.warnerbros.com/cmp/larryandychat.html
[84] Choi, Matrix, Filmscript, S.2/25

die Frage: Ist Neo der prophezeite Auserwählte oder nicht. Es finden sich über die Handlung verteilt, Argumente dafür und Negationen; Beispiel für eine Affirmation: »Jesus Christ, he's fast. Take a look at his neural-kinetics, they're way above normal.«[85] Dagegen steht sein dreimaliges Versagen: In der ersten Niederlage mißlingt ihm die Flucht vor der Polizei, er wird von dieser gefangen (am Beginn der Filmhandlung). Seine zweites Niederlage äußert sich während der Sprungsimulation, als er, mitten im Sprung, zu Boden fällt. Dieses Motiv ist der Bibel entlehnt, Jesus wandelt auf dem Meer und Petrus eilt zu ihm:

> Aber in der vierten Nachtwache kam Jesus zu ihnen [den Jüngern im Schiff] und ging auf dem Meer. Und da ihn die Jünger sahen auf dem Meer gehen, erschraken sie [...] Petrus aber sprach zu ihm und sprach: Herr, du bis es, so heiß mich zu dir kommen auf dem Wasser. Und der sprach: Komm her! Und Petrus trat aus dem Schiff und ging auf dem Wasser und kam auf Jesus zu. Aber als er die Winde sah, erschrak er und hob zu sinken an. [...] Jesus aber reckte alsbald die Hand und sprach zu ihm: O du Kleingläubiger: Warum zweifelst du?[86]

In dieser modernen Wiederholung der Bibelstelle bekommt Neo mitten im Sprung panische Angst und stürzt, wie Petrus, kraft seiner Ungläubigkeit in die Tiefe der Häuserschluchten ab. Dabei hat Morpheus ihn zuvor eingeschärft, er solle alles vergessen, was er bisher als Gesetze kennengelernt hatte, er müsse einfach seinen Geist befreien und ihm, der mit einem

---

[85] Mouse, Matrix, Filmscript, S.9/25
[86] Matthäus 14. 26-31

eleganten Satz über die Häuserschlucht auf das entfernte Dach springt, folgen.

Für das dritte Versagen steht die Orakelszene. Dies prophezeit ihm, er wäre nicht der Auserwählte. Das Orakel schließt aber die Möglichkeit seiner Sendung nicht dezidiert aus: »Sorry kiddo. You got the gift, but it looks like you're waiting for something.«[87] Er hätte die Gabe, nur würde er auf seine eigene Entdeckung warten. Dies ist im Grunde als eine Affirmation zu werten, das Orakel drückt mit diesem Satz nichts anderes aus als: ja, du bist derjenige, aber du mußt selbst etwas dafür tun. Das Wissen um die eigene Auserwähltheit, so erklärt das Orakel, sei kein rationales Wissen, sondern eine mystische Überzeugung, die von der betreffenden Person so vollständig Besitz ergreift, daß Zweifel erst gar nicht aufkommen können. Die filmische Form aber, das Mimenspiel der beiden Akteure sowie die Intonation beider Sprechstimmen, die sich nach unten senken, läßt den Satz negativer klingen, als er eigentlich ist. Damit wird ein dramaturgisches Problem gelöst: einerseits kann das Orakel Neo noch nicht als den Einen bezeichnen, da sich die Stelle noch viel zu früh im Filmverlauf befindet (Spannungsverlust), andererseits darf sie aber auch nicht die Unwahrheit sagen, da sie ja die Allwissende ist. Sie greift der Filmhandlung voraus und betraut ihn mit einer Aufgabe, die sie nicht explizit formuliert; die Rettung Morpheus aus den Klauen der Wächter.

An Neos Auserwähltheit wird ein viertes Mal gezweifelt, im Moment, als er, kurz vor Erreichen des rettenden Telephons, von dem Wächter erschossen wird. Dort aber erwacht er, nach

---

[87] Oracle, Matrix, Filmscript, S.15/25

der Liebeserklärung von Trinity, von den Toten, und das ist nun die endgültige Bestätigung seiner messianischen Mission. Die christliche Analogie dazu ist ganz klar der Leidensweg Jesu auf den Berg Golgatha hin, er bricht dort dreimal unter dem Kreuz zusammen, (-> das man hier mit dem Versagen in Analogie bringen kann) und stirbt dort, um dann von den Toden aufzuerstehen. Gleich wie Jesu, dessen eigentliche Mission ja die Auferstehung und die damit verbundene Erlösung der Menschheit ist, und darin sich seine Auserwähltheit manifestiert, zeigt die Auferweckung Neos dessen Auserwähltheit an. Der kurze Dialog zwischen Morpheus und Tank, nachdem er wieder zu Leben gekommen ist, unterstreicht dies:

> Tank: How?
> Morpheus: He is The One.[88]

Morpheus, der immer an die Auserwähltheit von Neo geglaubt hat, findet darin den Beweis; Neo ist in der Lage Pistolenkugeln aufzuhalten, wie er es prophezeit hat:

> Neo: What are you trying to tell me, that I can dodge bullets?
> Morpheus: No Neo. I'm trying to tell you that when you're ready, you won't have to.[89]

Auch in der Mission Neos finden wir Parallelen zur Mission Jesu. Neo findet eine Menschheit vor, die von Maschinen zu deren Zwecke versklavt werden. Er will sie aus der totalen Abhängigkeit führen und ihnen ein Leben in Freiheit schenken. Die Mission Jesu erfüllt sich mit der Befreiung der Menschheit

---

[88] Morpheus, Matrix, Filmscript, S.25/25
[89] Matrix, Filmscript, S.11/25

aus der Sklaverei der Sünde, die mit der stets weitertradierten Schuld der Erbeltern in die Welt kam.

Gnostische Weltanschauung wurde ebenso in die Handlung der „Matrix" mit hineinverwoben. Diese findet sich in der dualen Scheidung der Welt: der sichtbaren, aber eingebildeten Matrix-Welt und der verborgenen, gleichzeitig aber existenten Welt der Nebuchadnezzar. Das gnostische Philippus Evangelium negiert die Existenz der reinen Wahrheit auf der Erde (und postuliert damit einen verborgenen Gott): »67a. Die Wahrheit kam nicht nackt auf die Welt, sondern sie ist gekommen in Symbolen und Bildern. Sie (die Welt) kann sie [die Wahrheit V.P.] nicht anders empfangen [als durch Symbole V.P.]. 11. Die Namen, die man den (Dingen) d(ieser) Welt gibt, verursachen eine große Irreführung. Denn sie werden ihren (den Menschen) Sinn weg von den Feststehenden (und) hin zu dem Nichtfeststehenden.«[90] Brumlik erläutert diesen Gedanken: »Die Konsequenzen dieser Überlegungen sind dramatisch: das gemeinhin der Besserwisserei geziehene gnostische Denken, das doch angeblich mit erstauntem Blick die Geschehnisse innerhalb des göttliche Lebens betrachtet, hat sich hierüber aufgeklärt, daß es dort nichts zu sehen gibt, weil nämlich die Bilder, die sich ihm aufdrängen – freilich unverzichtbare -, Trugbilder sind.«[91] Der Sprung vom imaginierten Jenseits zur fiktiven Realität ist nur mehr ein kleiner, wenn der obige Begriff der „Wahrheit" - die nicht nackt auf der Welt sein kann - säkularisiert wurde. Ein weiteres gnostisches Element ist der strikte Dualismus zwischen der als verloren er-

---

[90] Philippus Evangelium; zit. Nach Brumlik, Die Gnostiker, S. 102
[91] Brumlik, S. 104

kannten physischen Welt und der einzig heilbringenden geistigen Sphäre. Der Film Matrix kehrt diesen Gedanken interessanterweise um, die geistige Sphäre wird dort mit der Virtualität der Maschinen gleichgesetzt, während die menschliche Physis dessen Rettung ermöglicht. (Die Errettung des Menschen wird durch Rückführung und damit Einssein von Geist und Körper erreicht.) Für die Gnostiker stellte der Körper nur ein zu überwindendes Übel dar, dessen Ansprüche entweder durch Askese abgetötet werden sollen oder durch zügellose Libertinage erst gar nicht zu Wort kommen zu lassen.

Rekapitulieren wir noch einmal die genuin christlichen Elemente.

Das Spiegelmotiv: Thomas (Neo) greift in den Spiegel, die Analogie dazu; der ungläubigen Apostel Thomas legt seine Hand in die Wunde Jesu, um dessen fleischlichen Auferstehung zu begreifen, da er an der Auferstehung Christi zweifelt.

Der Absturz vom Turm: Neo fällt beim ersten Sprung, weil er zweifelt; Analogie dazu: das Versinken des Apostel Petrus in den See.

Das dreimalige Versagen: Analogie zum dreimaligen Fall unter dem Kreuz, während des Leidensweges Jesu auf den Berg Golgatha.

Die Auferstehung: Analogie zur Auferstehung Jesu als Christus der Erlöser.

Die Mission: Neo will die Menschheit aus der Sklaverei der Maschinen befreien; Christus will die Menschheit aus der Sklaverei der Sünde befreien.

Die Trinität: Morpheus, Neo, Trinity; analog dazu die Dreieinigkeit der christlichen Theologie: Gottvater, Christus, der Sohn Gottes und der hl. Geist.

Die Figur Cypher: Der Name deutet seine mythologische Verbindung bereits an: Cypher → Luzifer. Inbegriff alles Bösen im christlichen Denken, der aber wie Mephistopholes in Faust stets scheitert. Damit ist die Gleichsetzung zwischen Neo und Jesu in vielen Punkten stimmig.

Der Himmelflug von Neo, am Schluß des Films, hat als Äquivalent die Himmelfahrt Christus.

Einflüsse der klassisch griechischen Philosophie: Das Orakel zitiert, oberhalb der Küchentür, den lateinischen Spruch, hier in dt. Übersetzung wiedergegeben: „Erkenne dich selbst." Es handelt sich hierbei um die berühmte Inschrift am Apollotempel in Delphi[92]. Dieses stellte gleichzeitig das bekannteste Orakel der griechischen Welt dar. Der antiken Überlieferung nach, wird dieser Spruch dem Thales von Milet (erste Hälfte 6. Jh.) zugesprochen, als Antwort auf die Frage, »was am schwersten von allen Dingen sei«.[93] Dieser Satz gilt als einer der zentralen Fragen der philosophischen Welt des vorplatonischen Griechenlands ebenso wie der heutigen.

Platons Höhlengleichnis kann ebenfalls als eines der Vorbilder des Filmes gelten, sein Reich der Schatten ist die Matrix selbst, in welcher die Menschen an Nabelschnüre gekettet, in der Höhle der Brutkästen weilen. Die Wandbilder sind keine geworfene Schatten, hervorgerufen von Lichtquellen und Bild-

---
[92] nach Wörterbuch der Antike
[93] Störig, Weltgeschichte d. Philosophie, S.127

säulen, sondern computergenerierte Bilderwelten, die den Menschen direkt in das Gehirn eingespeist werden. Neo ist derjenige, der den Aufstieg aus der höhle der Brutkästen gewagt hat. Analog zum Gleichnis Platons schmerzen ihm die Augen, als er die Welt der Wirklichkeit, das Schiff von Morpheus, die Nebuchadnezzar, betritt und dort das Licht der Beleuchtung sieht. (Bei Platos Gleichnis schmerzen dem Flüchtling die Augen, als er das erste Mal die Sonne erblickte.) Auch muß Neo, wie sein antikes Vorbild, seine gefangenen Mitmenschen fürchten, die ihn, ob seiner Entdeckung, mit dem Leben bedrohen[94]. Plato wollte mit diesem Gleichnis seine Lehre der reinen Ideen illustrieren; die Seele schwingt sich, durch die Erkenntnis, von der Schau der Abbilder zum Erkennen der reinen Ideen auf.

Buddhistische Elemente: Die Handlung webt auch einige buddhistische Motive in den Film. Die Brüder Wachowski deuten ihre Anleihen am Buddhismus für ihren Film „Matrix" an: »There's something uniquely interesting about Buddhism and mathematics, particularly about quantum physics, and where they meet. That has fasciniated us for a long time.«[95] So läßt sich die Szene im Vorzimmer des Orakels folgendermaßen deuten:

---

[94] Platon, Der Staat, siebentes Buch, S.226ff.
[95] Das Zitat ist einem Online- Chat zwischen Besuchern und den Brüdern Wachowski im Internet entnommen:
http://whatisthematrix.warnerbros.com/cmp/larryandychat.html
die Quellenangabe von einem Onlinechats ist mit aller Vorsicht hier wiedergegeben, da keine Möglichkeit der Verifikation besteht; die Verbindungen zwischen buddhistischen Lehren und den angeführten Filmstellen ist derart eng, daß von einer buddhistischen Inspirationsquelle ausgegangen werden kann.

> Spoon boy: Do not try and bend the spoon. That's impossible. Instead only try to realize the truth.
> Neo: What truth?
> Spoon boy: There is no spoon.
> Neo: There is no spoon?
> Spoon boy: Then you'll see that it is not the spoon that bends; it is only yourself.[96]

Dieser Ausspruch des kleinen Jungen erinnert an den berühmten Zen-Koan über den Zenmeister Zeno: »Er lautet wie folgt: Zwei Mönche stritten sich wegen einer Fahne. Der erste sagt: „Die Fahne bewegt sich. Der andere sagt: „Der Wind bewegt sich." Der sechste Patriarch, Zeno, kam gerade des Weges. Er sagte ihnen: „Nicht der Wind, nicht die Fahne, der Geist bewegt sich."«[97]

Morpheus fragt Neo, ob er an das Schicksal glaube. Dieser verneint das, da er die Kontrolle über sein Leben nicht aus der Hand geben wolle. Dies lehrt auch der Buddhismus: Wir bekommen ein bestimmtes Blatt von Karten aus der Vergangenheit, und es liegt an uns, wie wir mit diesem spielen.

Als Neo in das Schiff kommt, sieht er sich um, bzw. wird von Morpheus aufgeklärt und erkennt, daß er einer von unzählig vielen war, die alle ihr Leben in ihrem kleinen Gefängnis zugebracht haben. Sein Ausklinken, aus dem System, war wie eine Neugeburt. Er wird gleichzeitig von dem getrennt, was ihm Leben gab, aber auch die Realität vorenthielt. Der erste Mensch, der sich selbst befreite, war Buddha, er schaffte es, das Samsara allein mit der Kraft seiner Gedanken zu vernich-

---

[96] Matrix, Filmscript, S.14/25
[97] Hofstadter, GEB, S.34

ten. Solange das Samsara besteht, können nicht alle Menschen aufwachen. Neo besiegt das Samsara, jedoch unter Schmerzen.

Als Neo von Trinity wiedererweckt wird, erkennt er, daß er „vollkommen erleuchtet" ist. Er sieht die digitale Realität, aus der die Matrix geschaffen wurde. Er schafft es, Kraft seiner Gedanken, die Welt zu verändern und die Agenten zu besiegen. Er hat die wahre Erleuchtung erlangt. Damit ist er nicht nur zur Erlöserfigur Christus geworden, sondern gleichzeitig auch zu der erleuchteten Figur des Bodhisattva; der, obwohl er sich von der Matrix (von den Wiedergeburten) erlöst hatte, trotzdem dorthin zurückkehrt, um die Menschheit aus ihrem Schicksal zu befreien.

Die Fähigkeiten der Künstlichen Intelligenz im Film

Die Matrix ist ein perfektes System der Überwachung und Kontrolle, in der die Menschen zu puren Energielieferanten verkommen. Welche Fähigkeiten haben die Maschinen? (Mit Maschinen sind in weiterer Folge die Derivate der Künstlichen Intelligenz, als Gegensatz zu den Menschen, gemeint). Sichtbar treten die Maschinen meistens nur als visualisierte Abbilder einer Software auf und fallweise auch die vorher besprochenen Roboter (siehe Zur Ikonographie des Films). Die Matrix ist in erster Linie ein Synonym für ein weltumspannendes Computernetzwerk, das heißt: gewaltige, zusammengeschlossene Rechenleistungen. Man erfährt nicht, von welcher Beschaffenheit dieses Netzwerk ist. Es gibt zwei Möglichkeiten: Das System wird entweder von einer zentraler Leit- und Rechenstelle aus dirigiert, bei der alle Informationen zusammenlaufen. Oder das System sich aus dezentralisierten Einheiten eines Computernetzwerkes zusammen, wobei jedes Einzelsystem über ein bestimmtes Maß an Entscheidungssouveränität verfügt. (Diese Frage wird im Nachfolgefilm Matrix Reloaded geklärt. Siehe Das Sequel: Matrix Reloaded). In jedem Fall ist das System im Laufe von Progressen der Informations- und AI-Forschung zu einem autonomen und intelligenten System herangewachsen. Ein derartiges, durch Netzwerktechnologie intelligent gewordenes Zentralsystem hat schon Lem in seiner Novelle „Also sprach Golem" (von der in weiterer Folge dieser Arbeit noch die Rede sein wird) entworfen. Das vorliegende System verfügt jedoch, im Gegensatz zu Lems Konstrukt, über eine Kapazität, das es völlig von seinen ehemaligen Erbauern autonomisiert: die Fähigkeit der Selbstorganisation und der Autoreproduktion: die Fähigkeit sich selbst und verwandte Derivate zu erschaffen. Die Entwicklungsschritte zu dieser Fertigkeit werden im Verlaufe der Filmhandlung nicht erörtert. Vorstellbar wäre eine solche maschinelle Revolution in Analogie zur biologischen Evolution der lebenden Arten und deren Züchtung, d.h. die künstliche Intelligenz hätte ein Äquivalent der Evolution und Züchtung in ihrer eigenen Form gefunden. Für eine gezielte Autoreproduktion ist die Parallele zum menschlichen Bewußtsein nötig. Ohne diese Eigenschaft ist die Verbesserung der eigenen Art durch Auslese nicht möglich. Erst dieses Bewußtsein erlaubt, die sich ergebenden Veränderungen, in die beiden Kategorien Verbesserung und Verschlechterung einzuteilen und entsprechend, alle Entwicklungen der zweiten Kategorie, aus der Progressionslinie auszuscheiden. (Die natürliche Evolution bedarf dieses Bewußtseins nicht, aufgrund der Erkenntnisse von Darwin: Durch Zellteilung kann es zwar (wegen der Mutationen) zu Verbesserungen der Tochterzelle (bzw. des neuen Individuums) kommen, aber die Selektion findet durch harte Auslese der Umwelt einerseits und der gesteigerten sexuellen Anziehungskraft des neu entstandenen Individuums, innerhalb der betreffenden Art, andererseits, statt. Die künstliche Intelligenz der Matrix hat, im direkten Vergleich mit ihren menschlichen Konstrukteuren erkannt, daß sie diese an Leistungsfähigkeit und Macht weit überflügelt hat. Sie entwarf und baute eine Reihe von neuen Schöpfungen ihrer eigenen Gattung, der intelligenten artifiziellen Lebensform. Die Konstruktionsgrundlage und die Bauelemente dieser Lebensform bleiben weitgehend im Dunkeln. Von den vereinzelt sichtbaren Kampfroboter, die in der Welt der Nebuchadnezzar auftauchen und der Wanze in Neos Körper nach zu urteilen, ist ihr eigener Baustoff, aus dem sie bestehen, das klassische Material technologischer Geräte: Stahl. Die Wahl dieses Baustoffes dürfte visuell-ikonische Gründe haben, weil der Zuschauer die Zuschreibung - Stahl = Baustoff für Maschinen - aus seiner Alltagserfahrung gewöhnt ist. Für derartig intelligente Maschinen ist dieses Material, aus werkstofftechnologischer Sicht, wenig wahrscheinlich: da viel zu schwer im Eigengewicht und viel zu aufwendig in der Gewinnung bzw. der Veredelung. Denkbarer wären in diesem Zusammenhang neue Werkstoffe aus der Keramikforschung, oder gar völlig neu entwickelte Verbundstoffe aus dem technologischen Forschungsbereich.

Aus einem nicht näher definierten Grund haben Feindseligkeiten zwischen Mensch und Maschine (mit Maschine ist immer die intelligente artifizielle Lebensform gemeint) begonnen, die sich zu einem erbittert geführten Krieg ausgeweitet haben[98]. Anscheinend steht als Ursache des Krieges die Frage, welche der beiden intelligenten Lebensformen könne endgültig auf dem Planeten Erde vorherrschen; parallel zur prähistorischen Zeit, als die Neandertaler von den Homo sapiens sapiens verdrängt wurden und die ersteren letztendlich ausstarben. Der darwinsche Kampf, um die begrenzten Ressourcen, findet hier seine Übersetzung in der postsozialen Gesellschaft der Cyberkultur: es kann und darf nur eine intelligente Lebensform auf der Erde geben.

> I'd like to share a revelation during my time here. It came to me when I tried to classify your species. I realized that you're not actually mammals. Every mammal on this planet instinctively develops a natural equilibrium with the surrounding environment but you humans do not. You move to an area and you multiply and multiply until every natural resource is consumed. The only way you can survive is to spread to another area. There is another organism on this planet that follows the same pattern. Do you know what it is? A virus. Human beings are a disease, a cancer of this planet. You are a plague, and we are the cure.[99]

Dazu kommt, die Maschinen haben eine künstliche Welt für die Menschen geschaffen. In diese werden jene geboren und als bloße Energiequelle verwendet. Dies ist als die äußerste Demütigung der Maschinen, ihren ehemaligen Erbauern ge-

---

[98] Exakt dieselbe Ausgangslage beschreibt der Science-fiction Film „Terminator", der aber schon 1984 produziert wurde und somit dieses Motiv – Kampf gegen die KI – durch seine enorme Popularität dem Kinopublikum näherbrachte.
[99] Matrix, Filmscript, S.21/25

genüber, zu verstehen; deutbar, als ein vollständiges Erhabensein über diese. Die letzten, noch frei lebenden Menschen, werden Mithilfe von eigens konstruierten Kampfrobotern gejagt, als wollten die Maschinen die letzten Erinnerungen an eine einstmals intelligente Spezies Mensch, auslöschen.

Das Sequel: Matrix Reloaded
»Ja, er kommt wie ein reißender Strom, den der Sturm des Herrn vor sich hertreibt. Doch für Zion kommt er als Erlöser und für alle in Jakob, die umkehren von ihrer Sünde -/Spruch des Herrn«[100]

Aus Gründen des Umfanges dieses Buches verzichte ich auf eine ausführliche dramaturgische Analyse des zweiten Teiles, wie im ersten und konzentriere mich vor allem auf den Inhalt und die neu hinzukommenden Elemente von Reloaded.

Die Filmreihe war von Beginn an als Trilogie konzipiert, wobei der Nachfolger des ersten Teiles 5 Jahre auf sich warten ließ. Der Film schließt nicht direkt an das Ende des ersten Teiles an; der, wie im Rahmen der bereits erwähnten Erkenntnis Neos seine Auserwähltheit betreffend und in weiterer Folge mit dem Systemabsturz der Matrix, schließt. Das Grundthema des zweiten Teiles schließt an den Animationsfilm an, „The last flight of the Osiris", der kostenlos im Internet[101] zugänglich ist. Eine Horde, bestehend aus 250.000 Maschinen die sich durch den Erdboden graben, bedroht Zion, jene Stadt, die im ersten Teil als die letzte Bastion der Menschheit vorgestellt wurde. Die Handlung oszilliert zwischen der Realwelt Zions,

---

[100] Jesaja 59.19-20
[101] Unter der Adresse: http://www.theanimatrix.de/filme/

optisch in einen warmen Orangeton getaucht und der virtuellen Matrix, die durch ihre grünstichigen Bilder[102] präsentiert wird, wobei in der ersten Filmhälfte Zion als Handlungsort dominiert; handlungsspezifisch passiert vor der Halbzeit eigentlich nicht sonderlich viel, sodaß dieser Abschnitt in der Inhaltsangabe kurz ausfällt. Der erste Teil schließt, wie bereits erörtert, mit der Erkenntnis Neos, daß er der Auserwählte ist und die virtuelle Welt nach seinem Belieben verändern kann. Nun aber entdeckt Neo im Laufe des Filmes, daß die Matrix bei weitem nicht so homogen ist, wie angenommen wurde; verschiedene singuläre Programme fristen ihr eigennütziges Dasein und können vom Zentralsystem weder kontrolliert noch gelöscht werden. Diese Programme, so erläutert das Orakel Neo, das im übrigen selbst ein derart eigennütziges Programm in Menschengestalt ist, seien verantwortlich für all die unerklärlichen Phänomene wie Geister, Werwölfe, Vampire und sonstigen Spukgestalten. Neos Aufgabe sei es, so führt das Orakel weiter, den Zentralcomputer aufzusuchen, um dort den eigenen Code einzugeben. (Dies beantwortet gleichzeitig die bis jetzt ungelöste Frage nach der Architektur der Matrix; siehe dazu: Die Fähigkeiten der Künstlichen Intelligenz im Film. Das Orakel läßt keinen Zweifel daran, daß es sich bei der Matrix um ein zentral gesteuertes System handelt. Später wird der Architekt des Systems diese Vermutung noch bestätigen.) Um in die Kontrolleinheit des Zentralsystems eindringen zu können, benötigt die Crew, rund um Morpheus, die Dienste des Schlüsselmachers; auch er ist ebenfalls ein Programm in

---

[102] Die grünstichigen Bilder leiten sich von den Anfängen der Personalcomputer der 80er Jahre des 20Jh. her, als diese praktisch alle mit grünleuchtenden Monitoren bestückt waren.

Menschengestalt. Dieser ist in der Lage, alle Zugangscodes der Matrix zu hacken - ikonographisch durch die Herstellung von Duplikatsschlüsseln dargestellt – und damit die wichtigsten Türen, (die ja nichts anderes als Log-Ins, also Paßwörter, darstellen) zu öffnen. Doch der Schlüsselmacher ist im Besitz eines (wie das Orakel) sehr alten Programms, das keinesfalls bereit dazu ist, diesen freiwillig den dreien zu überlassen. Seine Frau Persephone (die Unterweltfürstin) übergibt ihnen, gegen einen leidenschaftlichen Kuß von Neo, den gewünschten Schlüsselmacher. Nur mit Mühe gelingt es ihnen, in das Gebäude des Zentralcomputers einzudringen. Neo trifft dort auf den Architekten der Matrix. Dieser erklärt ihm, er wäre bereits die 6. auftretende Anomalie, dessen Auftreten systembedingt nicht verhinderbar sei. (Die Verblüffung Neos ob der Ankündigung, er wäre nicht der erste Auserwählte, überrascht doch; hat ihm vorher bereits der Merowinger gesagt, »Merovingian: Damn it, woman, you will be the end of me. Mark my words, boy, and mark them well. I have survived your predecessors, and I will survive you!«[103]) Der Architekt klärt Neo auf, seine Auserwähltheit basiere auf ein nichtauflösbares Ungleichgewicht mathematischer Gleichungen der Matrix, die sich sporadisch zu dieser derartigen Anomalie aufschaukle. Er sei nur eine weitere Form der Kontrolle, für alle diejenigen, die sich der Überwachung der Matrix entziehen wollen. Seine Aufgabe sei es, diese zu lenken, damit sie der Matrix nicht schädlich werden können. Das Orakel, so der Architekt weiter, sei die Mutter der Matrix, sie habe - als Kennerin der menschlichen Psyche -, alle diejenige Parameter ge-

---

[103] Merowinger, Matrix Reloaded Skript, S. 36/54

schaffen, die mit dem psychischen und emotionalen Wohlbefinden der Menschen zu tun haben.

Im Zuge der Aktion, welche die Notstromversorgung des Gebäudes lahmlegen sollte, wird Trinity angeschossen; der Architekt zeigt Neo diesen Vorfall auf seinen Fernsehmonitoren. Er müsse sich nun entscheiden: entweder Zion zu retten, seinen Code an den Zentralrechner abzugeben und dabei Trinity zu verlieren, oder zurück in die Matrix zu kehren und damit die Zukunft der Menschheit aus Zion auf das Spiel zu setzen. Neo entscheidet sich für Zweiteres; die spektakuläre Rettungsaktion von Trinity gelingt, Neo fängt sie in der Luft auf, und kann die in ihrem Körper steckende Kugel entfernen. Nun muß er Morpheus über die wahre Natur des Orakels aufklären; inzwischen spüren Wächterroboter die parkende Nebuchadnezzar auf und sprengen diese. Die Crew kann gerade noch flüchten. Neo gelingt es, die herannahenden Wächterroboter, gleich wie die Kugeln (des ersten Teiles), mit bloßen Händen aufzuhalten, fällt aber dabei in das Koma. Ein herannahendes Schiff, die Hammer, nimmt die Flüchtigen auf, und unterrichtet Morpheus darüber, was unterdessen vorgefallen ist. Ein Verräter – der einzige Überlebende des Gegenschlages, er befindet sich ebenfalls im Koma liegend, auf der Hammer – hat den Überraschungsangriff eines Teiles der Zionflotte vereitelt. Dabei sind, bis auf die Hammer, alle beteiligten Schiffe zerstört und alle Besatzungsmitglieder getötet worden; die Maschinen graben sich unterdessen weiter in Richtung Zion und bereiten deren Zerstörung vor. Ende des zweiten Teils.

Neu hinzugekommene Elemente des zweiten Teiles: wohl das wichtigste Element bietet das Gespräch Neos mit dem Architekten der Matrix an, dies betrifft Neos eigene Rolle im System. Er sei, so der Konstrukteur, der notwendige, dem System inhärente Fehler, der zwingend auftreten muß. Dahinter verbirgt sich das Theorem des Mathematikers Gödel (1906-1978), der mit seinem Unvollständigkeitssatz bewiesen hat, daß kein mathematisches System aus sich heraus vollständig d.h. beweisbar ist. Turing entdeckte, in Weiterentwicklung des Gödelschen Satzes, die Unlösbarkeit des sog. „Halteproblem" von Rechenmaschinen: »Eine wichtige Konsequenz aus der Unlösbarkeit des Halteproblems besteht auch in der Praxis darin, daß es kein Verfahren, auch kein Computerprogramm geben kann, das immer korrekt voraussagt, ob ein Programm wunschgemäß arbeiten wird oder nicht.«[104] Damit kann eine programmgesteuerte, imaginäre Welt, wie die Matrix, sich nicht selbst auf ihre eigene Fehlerhaftigkeit hin testen. In einem derart komplexen System stecken aber mit hoher Wahrscheinlichkeit kleinere Fehler, die sich gegenseitig zu ungeahnten Folgen aufschaukeln können.

Der Merowinger: Die Merowinger waren ursprünglich ein altes Königsgeschlechts der Franken. Ihr Stammvater Chlodwig war durch seine härte im Einsatz bekannt. Der Kausalnexus im politischen Sinn, (den der Merowinger für sich reklamiert) findet seine erste konkrete Ausformulierung in der Schrift von Machiavelli: „Il Principe". Nur wer die Zusammenhänge und Funktionsweisen der Macht erkennt, kann daraus politisches Kapital schlagen. Der materialistische Kausalnexus findet seine Ausformierung bei den beiden französischen Materialisten: Julien Offray de Lamettrie (1709-1751) und Diet-

---
[104] Pierre Basieux, Abenteuer Mathematik, S.355

rich von Holbach (1723-1789). Lamettrie führte in seinem Hauptwerk „Der Mensch als Maschine" seinen Grundgedanken aus: »Es ist falsch, das Seiende in zwei Substanzen, eine ausgedehnte Materie und einen denkenden Geist zu zerlegen (wie es Descartes getan hatte). Es gibt keine tote Materie, wie sie die Mechanisten lehren. Wir kennen die Materie nur in Bewegung und in bestimmten Formen. Die Materie trägt das Prinzip ihrer Bewegung in sich selbst. Das hat zwei Konsequenzen: Es bedarf nicht der Annahme eines Gottes als eines die Welt bewegenden Prinzips. Die Welt bewegt sich von sich selber, auch sich selbst. Die Annahme eines Gottes würde nur die wissenschaftliche Erkenntnis der Natur stören. Es bedarf zweitens auch nicht der Annahme einer besonderen denkenden Substanz, eines Geistes oder einer Seele, im Menschen. Das Denken ist nur eine natürliche Funktion des Körpers wie andere Funktionen. In praktischer Hinsicht führt Lamettrie auf diese Grundlage mit allen Mitteln boshafter Satire den heftigen Kampf gegen jede Art von religiösem Glauben [...] In der Ethik tut Lamettrie religiöse Grundtatsachen wie Schuldgefühl und Reue als nutzlose Selbstquälerei ab. Er empfiehlt ungehemmtes Streben nach diesseitigem 'Glück', das heißt Sinnenlust.«[105] Der Philosoph und Arzt Lamettrie bietet die Blaupause für den zynischen und sinnenfreudigen Merowinger. Jener reduziert den Menschen, bereits vor Ausbruch der französischen Revolution, auf seine biologische Grundkonstante, und erkennt dem Geist nicht viel höhere Wertigkeit als der Verdauung zu. Daher ist seien Empfehlung nach hemmungslosem Hedonismus nur konsequent, da es den Moralkodex als

---

[105] Störig, S.375

Produkt geistiger Anstrengung als Ganzes verwirft, mithin bleibt nur mehr die hemmungslose Befriedigung der körperlichen Bedürfnisse.

Persephone: (Aus der homerschen- griechischen Mythologie) Tochter des Zeus und der Demeter (Göttin und Mutter der Erde). Der Unterweltgott Hades raubte sie und machte sie mit Einverständnis des Zeus zu seiner Gemahlin und zur Königin der Unterwelt. Die Mutter Demeter suchte ihre Tochter lange Zeit vergeblich, fand sie und konnte bei Zeus erwirken, daß jene ein Drittel in der Unterwelt und zwei Drittel bei ihr sein darf. Das Motiv ihrer Wiederkehr aus der Unterwelt wurde Bestandteil der Eleusinischen Mysterien.

Niobe: Die Urmutter und die erste Menschenfrau, die von Zeus geliebt wurde; sie gebar ihm die Ahnen der Bewohner des Landes Argos und Pelagos. Der homerischen Erzähltradition nach, Konkurrentin der Leto (Mutter des Apollon und Artemis), da diese nur zwei, jene aber 14 Kinder, 7 Knaben und 7 Mädchen, gebaren. Apollon tötete die Knaben aus Rache für die Schmach, Artemis die Mädchen: die Mutter Niobe versteinerte ob ihrer Verzweiflung.[106]

Relationale Programmierung: Im Konstrukt des Orakels, wie auch im Haus des Merowingers, finden sich Hintertüren und -gänge, die sich die Programmierer der Matrix eingerichtet haben, um bestimmte Programmteile schneller zu erreichen. Die Türen öffnen je nach Verwendung der Schlüssel andere dahinterliegende Orte. Dies ist einer Programmiermethode entlehnt, die sich relationaler Sprung nennt, wobei das

---

[106] nach Kerényi, Mythologie der Griechen, S.175

Sprungziel von Variablen des Sprungbefehls abhängt. Dadurch läßt sich eine dynamische, leicht variierbare Programmstruktur erreichen.

Orakel: Dieses stellt sich als ein Programm in Menschenform vor:

> Neo: If I had to guess, I'd say you're a program from the machine world. So is he.
>
> The Oracle: So far, so good.
>
> Neo: But if that's true, that can mean you are a part of this system, another kind of control.[107]

Der Architekt weist indirekt auf ihre Rolle, bei der Entstehung der Matrix hin. »Thus the answer was stumbled upon by another - an intuitive program, initially created to investigate certain aspects of the human psyche. If I am the father of the matrix, she would undoubtedly be its mother.«[108] Ironischerweise verspeist das Orakel gerne rote Pillen, die ja im ersten Teil als Tabletten der Wahrheit eingeführt wurden.) Das Orakel ist somit für den Teil der Menschheit zuständig, welcher sich der Bewachung durch die Matrix entziehen will. Sie hat mit der Lenkung des auftretenden Auserwählten (die mathematische Anomalie) einen Weg gefunden, diesen trotzdem zu kontrollieren. In dem Moment, wo Neo ihre ambigue Rolle jedoch erkannt hat, wird es faktisch unwesentlich, es sei denn, die Rolle des Orakels ändert sich erneut.

---

[107] Matrix Reloaded Skript, S.22/54
[108] Architekt, Matrix Reloaded, S.47/54

Wissenschaftlicher Kontext

Science-fiction und Wissenschaft

Umberto Eco unterscheidet in seiner Studie[109] „Die Welten der Science-fiction", die Literatur der Science-fiction von jener der Realistischen, durch ihr Bestreben eine strukturell andersartige Welt zur bekannten zu entwerfen. »Ich gebrauche den Terminus „strukturell" hier in einem sehr weiten Sinn, er kann sich ebensogut auf die kosmologische, wie auf die soziale Struktur beziehen.«[110] Die realistische Literatur konstruiert eine Welt, die der tatsächlichen ähnlich ist; in der sich zwar Dinge ereignen, die faktisch nicht geschehen sind, die aber möglich wären. Ein Beispiel dafür ist, daß der diesjährige Oscar dem griechischen Filmemacher Angelopolous für dessen Lebenswerk verliehen wird. Die Science-fiction hingegen konstruiert eine andersartige Welt, in der die Strukturen anders sind; bei letzterer wird, im Zuge der Nobelpreisverleihung des nächsten Jahres, der Preis einem österreichischen Bauern für seine Konstruktion eines Perpetuum mobile[111] verliehen, die mit einem Schlag sämtliche Energiesorgen der Menschheit löst, und ihn selbst für seine jahrzehntelangen Bemühungen entschädigt. Eco teilt diese strukturell andersartigen Weltentwürfe in vier Kategorien ein:

---

[109] Geschrieben im Rahmen einer Tagung in Rom zum Thema "Scienze e fantascienza" am 2. Mai 1984
[110] Eco, Über Spiegel, S.215
[111] Das Perpetuum mobile ist eine Maschine, die ohne Energiezufuhr permanent Arbeit verrichtet. Dies widerspricht den fundamentalen Gesetzen der Physik (Energieerhaltungssatz, 2. Hauptsatz der Thermodynamik), die diesen Kosmos fundieren, und ist daher schon theoretisch völlig ausgeschlossen.

Allotopie: Dieser Entwurf unterscheidet sich vollkommen von der bekannten Welt; physikalische, biologische und andere Gesetze werden aufgehoben (Tiere haben die Fähigkeit zu sprechen, die Schwerkraft kann aufgehoben werden etc.) In diese Kategorie fallen die gesamte Fantasyliteratur und viele Teile der Science-fiction. Das Reisen mit Lichtgeschwindigkeit (Raumfahrtfilme wie Star Trek, Star Wars etc.) zum Beispiel fällt eindeutig in diese Kategorie, weil die Möglichkeit eines solchen Antriebes, durch die Physik, ausgeschlossen wird.[112]

Utopie: Darunter versteht Eco eine dem Menschen nicht zugängliche Parallelwelt; die entweder Modellcharakter der Sozietät (wie bei Thomas Moores Utopia) oder ironischen Charakter (bei Swift Gullivers Reisen) hat. Die parallele Welt kann eine historische Reflexion sein, oder kann parallel zu unserer existieren; sie nimmt dabei meist eine kommentierende Position zur existierenden Gesellschaft ein.

Uchronie: ist eine Utopie, die ein historisches Ereignis durch ein fiktives ersetzt. Ein historisches Ereignis wird durch eine nichthistorische Möglichkeit ersetzt und der mögliche weitere Verlauf der Dinge geschildert; z.B. was wäre geschehen, hätte Napoleon die Schlacht bei Waterloo gewonnen?

Metatopie und Metachronie: Dabei wird eine Welt entworfen, in der die heutigen Entwicklungen in die Zukunft antizipiert werden; gleichsam eine Verlängerung des aktuellen Status quo in die Zukunft. Dabei können mögliche Fehlentwicklungen in

---

[112] Physiker haben errechnet, um ein Raumschiff auf eine Geschwindigkeit die knapp unter der Lichtgeschwindigkeit liegt zu beschleunigen, reicht die Umwandlung der gesamten Masse des Universums in Energie nicht aus, da die Masse des Körpers mit Erreichen der Lichtgeschwindigkeit gegen Unendlich strebt.

ihrem Ansatz diskutiert werden, weil dem Rezipienten eindrücklich verdeutlicht wird, was geschehen könnte, wenn ein gegebener, technischer und/oder sozialer, Entwicklungsstrang weiterverfolgt wird.

Die Literatur des Science-fiction findet ihre visuelle Umsetzung im gleichnamigen Filmgenre, mehr noch, diese übertrifft die Kunst des gedruckten Wortes in seiner visuellen Anschaulichkeit, gehört aber wie die Literatur, zu den in der Zeit erzählenden Künsten. Daher läßt sich Ecos System, ohne Abstriche auf das Filmgenre ‚Science-fiction', übertragen. Die zu untersuchenden Filme fallen unter den 4. Fall des Eco'schen Systems, in die Kategorie der Metatopie. Sie antizipieren eine aktuelle Debatte in die Zukunft, um deren mögliche Schrecken zu verdeutlichen. Im Fall von „Gattaca" warnt der Film vor dem bedenkenlosen Einsatz der Gentechnik am Menschen, die Klonversuchen an menschlichen Embryonen inbegriffen. Bei „Matrix" wird vor der möglichen Machtausweitung bzw. vor der wachsenden Abhängigkeit der Menschen durch die Maschinen/ Computern gewarnt.

Auf der anderen Seite gilt die Umkehrung, ein gut geschriebener bzw. verfilmter Science-fiction Film gleicht einer wissenschaftlichen Arbeit, die mit derselben Akribie recherchiert werden will. Gerade die antizipierende Form, verlangt nach genauer Kenntnis der technischen, sozialen und biologischen Grundlagen, die in die Zukunft verlängert werden sollen. Der Science-fiction Film dient in diesem Sinn als Laboratorium, zur Untersuchung von Interaktionen zwischen technischen Inventionen und sozialen Strukturen. Natürlich bleiben die gefundenen Ergebnisse innerhalb des hypothetischen Rahmens, da eine antizipierende Verifikation in die Zukunft, prinzipiell unmöglich ist; dies gilt aber auch für die Futurologie und die Risikoforschung, auch ihre Ergebnisse haben keinen faktischen Charakter, sondern besitzen nur einen mehr oder weniger hohen Grad an Wahrscheinlichkeit; dabei gilt die Faustformel, je weiter sich ein Futurologe in die Zukunft vorwagt, desto niedriger ist die anzusetzende Wahrscheinlichkeitsquote für seine Prognosen. Als weiteres Spezifikums ist folgendes bei Analysen von Werken aus dem Science-fiction Genre zu beachten: obwohl die Handlungen in der Zukunft spielen, lassen sich aus ihnen keine Rückschlüsse über die geschilderte nähere oder fernere Zukunft ziehen. Es handelt sich bei den Werken, Buch/Film um Extrapolationen von aktuellen Diskussionen, Erfindungen und Strömungen in die Zukunft, zwecks Offenlegung von deren Wirkkräften. Orwells bekannte Metatopie „1984" läßt Rückschlüsse auf das Nachkriegsengland von 1948, der Entstehungszeit des Romans zu; nicht aber auf das vom Tatcherismus geprägte Britannien von 1984, das sich vollständig dem Liberalismus verschrieben und zur Erweiterung der Kluft zwischen arm und reich beigetragen hatte. (Dies konnte Orwell damals nicht ahnen). Die hier zur Betrachtung stehenden Filme bieten analog dazu, Aufschluß über die soziologischen Strömungen an der Schwelle des 20. zum 21. Jahrhunderts an. Sie wollen und können keine Prognosen über die zweite Hälfte dieses Millenniums abgeben. An ihnen können Grundströmungen der heutigen Gesellschaft abgelesen werden, vor allem, was den Reibungsbereich zwischen Wissenschaft und Gesellschaft, betrifft.

Der folgende Exkurs in die Welt der künstlichen Intelligenz soll die Grundlage des Filmes „Matrix" aufarbeiten und in geraffter Form, den aktuellen Stand der Forschungen darlegen. Die wissenschaftlichen Grundlagen der Gentechnologie wurden bereits im Anschluß an die dramaturgische Analyse des Filmes „Gattaca" erörtert. Darauf folgend, werden die Kritikpunkte der beiden Filme aufgenommen und im Licht der Natur- und der Geisteswissenschaften diskutiert.

Künstliche Intelligenz und künstliches Bewußtsein

Was ist AI

Unter AI versteht man die künstliche, „artifizielle" Intelligenz. Ein Forschungszweig von Mathematikern, der sich zu Beginn des 20. JH. unter der getrennten Mitwirkung von Johann von Neumann, Norbert Wiener und Alain Turing entwickelte. In der rezenten Zeit haben sich Forscher der konstruktiven Ingenieurswissenschaften angeschlossen; damit wurden die Robotik, (eine Mischform zwischen den Disziplinen Elektronik und Mechanik) sowie deren verwandte Zweige, geschaffen. Besonderheit der AI- Forschung ist ihr interdisziplinärer Ansatz, Informatiker, Ingenieure, Neurobiologen und Mathematiker arbeiten zusammen an der Realisierung eines Projektes: der Konstruktion von künstlich intelligenten Geräten. Diese Richtung ist noch sehr jung, es gibt sie erst seit fünf Jahrzehnten als autonome Forschungsrichtung, trotzdem haben die Wissenschaftler mit einigen wichtigen Ergebnissen aufhorchen lassen.

Aufgrund des ständig wachsenden Kenntnisvolumens, das auch aus anderen Forschungsdisziplinen zugeliefert wird, vollzog sich innerhalb der Disziplin, bereits Mitte der achtziger Jahre ein fundamentaler Paradigmenwechsel. Das ereignete sich sehr rasch, nach dem dreißigjährigen Bestehen des Forschungsgegenstandes. Bis zu dieser Zeit, galt als Forschungsansatz das Paradigma des Kognitivismus[113], bei der die Außenwelt in, für die Maschine verstehbare, Symbole codiert wird, welche diese analysiert und interpretiert, um schlußendlich darauf zu reagieren. Die Kommunikation basiert auf ein Zeichensystem, das zentral vom Rechner verarbeitet wird und auf starre Konventionen beruht. Davon abhebend, hat sich seit den achtziger Jahren das Paradigma des Konnektionismus herausgebildet. Dies versucht, in rudimentärer Form, Mithilfe von neuronalen Netzwerken, die Struktur des menschlichen Gehirnes nachzubilden und unterschiedliche Aufgaben, zu delegieren. Zeichnet sich das erste Paradigma durch seinen Zentralismus aus, so findet im zweiten, ein ausgesprochener Dezentralismus statt. Die Aufgaben werden auf verschiedene Teilnetze, innerhalb des Netzwerkes, verteilt und so die Gesamtleistung und die Fehlertoleranz des Systems erheblich gesteigert. Unterstützt wurde der Paradigmenwechsel unter anderem durch die verstärkte Forschung zerebraler Prozesse in den 90er Jahren, das als Jahrzehnt der Hirnforschung in die naturwissenschaftliche Forschungsgeschichte einging.

Die hohe Priorität der AI- Erforschung, die ihr die öffentliche Seite zuschreibt, wird von den vielen weltweiten Forschungsstellen unterstrichen; unter anderem unterhält die renommierte technische Universität MIT ein eigenes Institut, das

---

[113] Zimmerli und Wolf, Einführung; in: Künstliche Intelligenz – Philosophische Probleme; Hg. Walter Ch. Zimmerli und Stefan Wolf; 1994 Phillip Reclam jun. Stuttgart, S. 6

sich einzig der Erforschung von künstlicher Intelligenz widmet. Aber auch andere Universitäten haben längst derartige Institute eingerichtet, sodaß global an diesem Projekt gearbeitet wird.

Grundlagen der künstlichen Intelligenz, bilden drei wesentliche Bedingungen, die bereits auf die griechische Antike zurückgehen bzw. dort entdeckt worden sind. Es bedarf der Idee der Formalisierung, damit überhaupt an AI gedacht werden kann; als Pate für diese Idee stand die Logik des Aristoteles, die seinerseits auf Platon zurückgreift (der sich wiederum Anleihen über Sokrates bei den Sophisten holte). Aufgrund seiner Methode, besonders der des Syllogismus, aber auch seiner Schlußregelung und des Beweises[114], lassen sich Verknüpfungsregeln zwischen Sätzen, beliebigen Inhaltes, finden und Beziehungen zwischen diesen Sätzen (Beweise), feststellen. Die zweite Bedingung ist die Kalkülisierung. Ein Kalkül ist ein System, zur Herstellung bestimmter Figuren aus anderen Figuren, nach Regeln. Das Rechnen war das erste und naheliegenste Kalkülisierungsgebiet. So ist Fingerrechnen bereits ein rudimentäres Kalkül, wobei die Finger, die Figuren der Zahlen darstellen bzw., die Finger stehen stellvertretend für die Zahlen. Die schriftlichen Zahlen sind demnach ebenfalls ein Kalkül, da sie stellvertretend für eine Anzahl von physischen Dingen, stehen. Der Abakus – der Rechenschieber – die, in römischer Zeit gebrauchte Rechenhilfe, ist bereits ein ausgeklügeltes Kalkül, deren Kugeln die Zahlen darstellen, und mit dem durch Anwendung von Regeln verschiedene Rechenoperation durchführbar sind (daher auch der Name Kalkül: lat.

---

[114] vgl. dazu Störig, kleine Weltgeschichte der Philosophie, S.178

caluli = rechnen). Als dritte Bedingung bedarf es der Idee der Mechanisierung: das Herstellen von künstlichen Gerätschaften, die auf das Hebelgesetz beruhen. Diese werden zu einem bestimmten Zweck hin konstruiert, wobei die Zweckbestimmtheit ein wesentlicher Faktor der Mechanisierung darstellt, es geht vor allem um die Problemlösung auf mechanischem Wege. Der Hebel als solcher ist bereits die einfachste Maschine, die das Problem Steinheben, löst. (Herodot beschrieb die Kriegsmaschinen als mechanai, daher der Name). Die Ingredienzien standen also bereit. Nun bedurfte es eines findigen Kopfes, diese zu einer einheitlichen Idee, zusammenzuführen, und daraus die ersten Rechenmaschinen zu bauen. Versuche in diese Richtung wurden bereits im Mittelalter unternommen. Raimundus Lullus (1230-1315) hatte in seiner „ars magna" von 1275 ein Gerät entworfen, das ausgehend von gegeneinander drehbaren Kreisen, seine kombinatorischen Überlegungen, technisch operationalisiert. Das Werk wurde jedoch nie realisiert, es blieb auf dem Status der Überlegung. Die Mathematiker Leibnitz und Pascal unternahmen unabhängig voneinander Anstrengungen, ausgehend von der Kalkülseite, automatische Rechenmaschinen zu entwickeln. Aber erst Charles Babbage (1792-1871), zusammen mit Lady Lovelace - welche als Erfinderin der Computerprogrammiersprachen gelten kann, gelang die Entwicklung der ersten, programmgesteuerten Rechenmaschine[115]. Trotzdem gebührt einem anderen der Ehrentitel 'Geburtshelfer der AI- Forschung', da dieser sich zum ersten Mal, mit der Frage auseinandergesetzt hat, inwieweit diese neuen Maschinen zur Vernunft fähig

---

[115] vergl. Zimmerli und Wolf, S.9f.

sind. Alan Turing (1912-1953), Londoner Mathematiker, gilt als der Urvater der Computerwissenschaften. Dieser hatte, während des zweiten Weltkriegs, eine Dechiffriermaschine[116] für Churchill entwickelt, welche die verschlüsselten Botschaften der deutschen Wehrmacht - unter den Namen „Enigma" bekannt - knackte und damit den Briten entscheidende Vorteile im Luftkrieg bescherte. 1950 publizierte er einen, für die AI- Forschung wichtigen Artikel, mit dem Titel „Computing Machinery and Intelligence"[117], in der er der Frage nachging, ob Maschinen denken können. In einem von ihm so genannten „Imitationsspiel"[118] sucht er den Unterschied, zwischen Computer und Mensch, schwinden zu lassen. Sein Spiel ist folgendermaßen aufgebaut; Spielfiguren sind drei Teilnehmer: ein Mann (A), eine Frau (B) und ein Fragesteller (C) beliebigen Geschlechts. Der Fragesteller ist von den beiden anderen Personen räumlich getrennt und mit keiner der anderen Personen bekannt. Der Fragesteller C hat die Aufgabe, den beiden Personen A und B, die ihm nur über dies Pseudonym bekannt sind, deren Geschlechtszugehörigkeit richtig zuzuordnen. D.h. herauszufinden, bei wen der beiden es sich um die Frau und bei wen um den Mann handelt. Um nicht über die Parameter Tonfall und -höhe Rückschlüsse ziehen zu können, sind nur maschinschriftliche Fragen erlaubt, auf die ebenso schriftliche Antworten folgen. In einer zweiten Testreihe wird die zu be-

---

[116] Der Standard, Album, 16.02.2002
[117] nachgedruckt und übersetzt in Künstliche Intelligenz – Philosophische Probleme; Hg. Walter Ch. Zimmerli und Stefan Wolf; 1994 Phillip Reclam jun. Stuttgart
[118] Turing, Kann eine Maschine denken?, In: Künstliche Intelligenz – Philosophische Probleme; Hg. Walter Ch. Zimmerli und Stefan Wolf; 1994 Phillip Reclam jun. Stuttgart; S.39

fragende Person A durch einen sprachfähigen Computer ersetzt. Die Frage ist, gelingt es dem Computer den menschlichen Fragesteller C ebensooft zu täuschen, wie eine reale menschliche Person? Damit ist die Frage verknüpft, läßt sich das Sprachverhalten von Mensch und Maschine unterscheiden? Damit ist die Feststellung verbunden, Intelligenz drücke sich mit der Fähigkeit der Täuschung aus. Dieses Spiel ist heute unter dem Namen „Turing"- Test bekannt und bildet die erste operationale Grundlage, für empirische Forschungen zur formalisierten Behandlung der Frage nach Intelligenz und Bewußtsein[119]. Turing selbst war sich in seinem Artikel sicher, daß AI möglich wäre, er versuchte verschiedene prinzipielle Einwände gegen die Entwicklung von denkenden Maschinen, auszuräumen. Es sei eigentlich nur eine Frage der Zeit, bis man eine Maschine konstruiere, welche seinen Test besteht:

> »Meiner Meinung nach wird es in ca. 50 Jahren möglich sein, Rechenmaschinen mit einer Speicherkapazität von der Größe 10^9 zu programmieren, die das Imitationsspiel so vollendet spielen, daß die Chancen, nach fünfminütigen Fragezeit die richtige Identifizierung herauszufinden nicht höher als sieben zu zehn stehen.«[120]

Für Turing ist das entscheidende Kriterium die Speicherkapazität des Computers, die ihr Analogon in der Anzahl der menschlichen Neuronen findet; der Computer wird in dem Moment die Grenzlinie zur Intelligenz überschreiten, wenn seine Speicherkapazität etwa derjenigen des menschlichen Gehirnes entspricht. Weiters setzt sich Turing mit möglichen

---

[119] Zimmerli und Wolf, S. 12
[120] Turing, S.52

Einwänden, gegen die Möglichkeit formalisierter Vernunft, auseinander, die er durchwegs zu entkräften sucht. Diese Einwände sind: »Der theologische Einwand. Der Vogel- Strauß Einwand. Der mathematische Einwand usw. «[121] Für die anstehende Betrachtung ist der theologische Einwand der Wichtigste. Turing definiert diesen folgendermaßen: »Denken ist eine Funktion der unsterblichen menschlichen Seele. Gott gab Mann und Frau eine unsterbliche Seele, jedoch weder einem anderen Lebewesen noch einer Maschine, insofern kann weder Tier noch Maschine denken.«[122] Dies leitet er von Thomas von Aquin ab: »Das Prinzip der Denktätigkeit, die vernünftige Seele, ist die Wesensform des menschlichen Leibes.«[123] Sein Einwand umfaßt zwei Teile. Der erste Teil versucht theologisch zu argumentieren. Die Annahme, eine denkende Seele besäße nur der Mensch, beschränke seiner Ansicht nach die Allmacht Gottes, da er mit gleichem Einsatz auch den Tieren und Maschinen eine Seele erteilen könnte. (Dieser Einwand, läßt man ihn so gelten, führt geradewegs in eine allgemeindenkende Welt. Wenn es Gottes Allmacht beschränke, Tieren und Maschinen mit denkenden Seelen auszustatten, so beschränkt die Annahme, ein Stein, ein Ball, eine Rose, eine Ledertasche könne nicht mit dieser versehen werden, seine Allmacht ebenso. Das würde bedeuten, wir würden in einer allumfassend denkend- beseelten Welt leben. Das Argument verliert sich somit in der Verallgemeinerung). Der Mensch

---

[121] Turing, S.53ff.
[122] Turing, S.53
[123] Thomas von Aquin zit. In: Störig; Hans Joachim; Kleine Weltgeschichte der Philosophie, 1992 Fischer Taschenbuch Verlag, Frankfurt am Main, S.257

zeugt Kinder, die kraft ihres Menschseins ebenso wie die Eltern, Heimstätte einer gottgemachten Seele werden, d.h. von Gott mit einer denkenden Seele ausgestattet werden. Ebenso müßten dann Maschinen, die von Menschen erzeugt werden, Heimstätte seiner Seelen werden. (Hier begeht Turing einen unzulässiger Analogieschluß: der Mensch macht Kinder, die beseelt werden, damit: alles Menschengemachte wird gleichfalls beseelt!) Sein zweites Argument negiert die Theologie insgesamt, indem sie auf die Fehler der Vergangenheit hinweist, wie das Verwerfen des heliozentrischen Weltbildes durch Kopernikus aufgrund der Bibelstellen (Psalm 104,5 und Josua 10,13), ein theologischer Trugschluß von seiten der Kirche. Der Artikel wurde vor mehr als 50 Jahren geschrieben, gleichzeitig hat sich die Speicherkapazität der Computer tatsächlich in die von Turing als Wendebereich prognostizierte Dimension von 10^9, den Gigabytebereich für handelsübliche PCs vorgeschraubt; nur, das Turingspiel läßt sich mit heutigen PCs noch immer nicht, wie vom Erfinder gewünscht, simulieren.

Der Informatikwissenschaftler Weizenbau entwickelte 1967 am MIT ein kurzes Computerprogramm, das unter den Namen „ELIZA" oder „Doctor" zu Berühmtheit gelangen sollte. Im Rahmen der Forschungen zu formalisierter Sprachverständigung mit Elektronenrechnern entstand jenes kleine Programm, das in den USA rasch für Furore sorgte. Es handelt sich dabei um ein einfach geschriebenes Computerprogramm, das neben der Oberfläche zu Sprachanalyse, noch einfache Regeln für deren Ausgabe enthielt. Diese umfaßten im wesentlichen nur einige Regeln, welche über die eingetippten Sätze improvisierten.

Für dieses Sprach-Analyse-Programm wählte ich den Namen Eliza, da man ihm gleich der Eliza aus der Pygmalionsage beibringen konnte, immer besser zu „sprechen". [...] Für mein erstes Experiment gab ich Eliza ein Skript ein, das ihr ermöglichte, die Rolle eines an Roger orientierten Psychotherapeuten zu spielen, der mit einem Patienten ein Gespräch führt. Ein solcher Therapeut ist verhältnismäßig leicht zu parodieren, da ein Großteil seiner Technik darin besteht, den Patienten dadurch zum Sprechen zu bringen, daß diesem seine Äußerungen wie in einem Echo zurückgegeben werden.[124]

Erstaunlicherweise wurde das eigentlich aus Forschungszwekken geschriebene Programm für die psychologische Arbeit sehr ernst genommen. Weizenbaum führt in seinem Buch ein Exzerpt, aus der psychologischen Studie von Cloby, an; in der die Autoren die Hoffnung ausdrücken, »wenn sich die Methode [das Programm Eliza] bewähren sollte, so hätten wir damit ein therapeutisches Werkzeug, das man all den Nervenkliniken und psychiatrischen Zentren an die Hand geben könnte, die über zu wenig Therapeuten verfügen.«[125] In weiterer Ausführung zeigt sich Weizenbaum darüber erschreckt, wie schnell Menschen eine emotionale Beziehung zu einer Maschine, mit rudimentären Sprachkenntnissen, aufbauen und

---

[124] Weizenbaum, Joseph; Die Macht der Computer und die Ohnmacht der Vernunft; 2000 Suhrkamp-Taschenbuch Wissenschaft 274, Frankfurt am Main, S.15
[125] K.M. Cloby zit. In: Weizenbaum, Die Macht der Computer, S.17

diese mit menschlichen Attributen versehen. Einer der entscheidenden Punkte in Weizenbaums Entdeckung ist die Verknüpfung von vermuteter Intelligenz und sprachlicher Fähigkeit. Je höher das Sprachverständnis der Maschine ist, desto höher ist der ihr zugeschriebene Grad an Vernunft: Das es sich beim Sprachverständnis nur um eine subjektive Zuschreibung handelt, wie im Falle von „ELIZA", ist dabei unerheblich.

In seinem Buch „Gödel, Escher, Bach" führt Hofstadter eine tabellarische Aufstellung der wichtigsten Leistungen künstlicher Intelligenz, die sich sehr eng an die Leistungen menschlicher Intelligenz hält. Wie weit die Entwicklung in den jeweiligen Spezialanwendungen schon gediegen ist, soll im folgenden mit einigen Beispielen und Anwendungen erläutert werden:

Mechanische Übersetzung: Es gibt mittlerweile eine Reihe von Übersetzungsapplikationen, die ein maschinelles Transkribieren von einer natürlichen Sprache in eine andere erledigen. Als Beispiel sei hier, die Übersetzungssoftware der Internet-Suchmaschine Google angeführt, die von jedermann kostenlos benutzbar ist. Die wörtliche Translation erzielt mittlerweile eine hohe Trefferquote, aber der syntaktische und vor allem der semantische Wortzusammenhang stellt immer noch ein sehr großes Problem für die Maschine dar. Die Software vermag wohl die Wörter lexikalisch korrekt zu übersetzen, sie „versteht" aber die Bedeutung des Wortes in keinster Weise. Dieser Umstand tritt eklatant zu Tage, wenn man eine Textpassage von derartiger Software, in eine beliebige Sprache übersetzen läßt, und dann den fremdsprachigen Text wieder in die Ausgangssprache rückversetzt. Nach menschlichem Verständnis müßten die beiden Texte, zumindest in semantischer Hinsicht, kohärent sein – weit gefehlt! Damit ist aber Kommunikation zwischen Mensch und Maschine unmöglich. Erst das Verständnis von semantischen Wortfeldern und Kenntnis von lexikalischer Bedeutung der Wörter bildet, neben Kenntnis der syntaktischen Regeln, die essentiellen Bausteine zum Erfassen der inhaltlichen Bedeutung. Dies ermöglicht erst echte Verständigung. Damit erübrigt sich bis auf weiteres auch die Hoffnung völlig automatisierte Übersetzungsmaschinen zu bauen.

Spiele: Schach, Dame etc.: Das bereits legendäre Aufeinandertreffen des mehrmaligen Schachweltmeister Gary Kasparow auf der einen Seite und den speziell für das Schachspiel programmierten Spezialrechner „Deep Blue", der Firma IBM auf der anderen Seite, endete mit einem knappen Sieg der Maschine über den Menschen. Obwohl der Computer mittlerweile den Menschen besiegen kann, wird der Computer, im Gegensatz zum Menschen, nicht intuitiv die Sinnhaftigkeit eines Zuges erkennen. Er operiert, im Gegensatz dazu, brachial und wertet mittels hoher Rechengeschwindigkeit eine hohe Anzahl möglicher Spielzüge in kurzer Zeit aus. Forscher der AI sind sich darüber einig, daß der Computer weder eine Art Verständnis vom Schachspiel insgesamt hat, noch über die Sinnhaftigkeit, der von im ausgeführten Züge, sich im Klaren ist. Sondern er führt, nach einer präzisen Abfolge von programmierten Regeln und Gewichtungen, seine Züge aus, wobei ihm eine enorme Datenbank mit allen gespeicherten Schachspielen, die jemals gespielt wurden, zur Verfügung steht. Das heißt, der Computer kann nicht nachvollziehen, daß er gerade den Weltmeister Kasparow geschlagen hat. Das mechanisierte Damespiel hatte, bereits in den 80er Jahren, jeden menschlichen Gegner geschlagen, aber auch hier gilt das für das Schachspiel geltende Prinzip, damit gilt das Attribut kreative Spiellösung für computerisierte Spielzüge strenggenommen nicht.

Beweis von Sätzen in den verschiedenen Teilen der Mathematik: Hierzu führt Hofstadter ein Beispiel an, bei dem ein Computerprogramm eine neuartige Beweisführung aus der Geometrie gelungen ist: Es galt zu zeigen, daß die zwei Basiswinkel eines gleichschenkligen Dreieckes tatsächlich gleich sind. »Die vom Programm gefundene Methode machte von keinen Hilfslinien Gebrauch. Statt dessen betrachtet man das Dreieck und sein Spiegelbild als zwei verschiedene Dreiecke. Nachdem man die Kongruenz bewiesen hat, weist das Programm darauf hin, daß die beiden Basiswinkel in dieser Kongruenz einander gleich sind. Was zu beweisen war.«[126] Einschränkend fügt der Autor an, daß dieser Beweis der einzige war, den dieses Programm geliefert hatte, es folgten keine weiteren kreativen Lösungen geometrischer Probleme, im Anschluß an diesen, an sich naheliegenden, Beweis. »Während im besonderen Fall von Gelernter und seiner Geometrie-Maschine Gelernter vermutlich den Beweis von Pappus nicht wiederentdeckt hätte, waren doch die Mechanismen, die den Beweis erzeugten, der Oberfläche des Programms hinreichend nahe, so daß man zögert,

---

[126] Hofstadter, Douglas; Gödel, Escher, Bach ein Endlos Geflochtenes Band; 2001 Klett-Cotta, Deutscher Taschenbuch Verlag, München, S.646

das Programm als selbständigen Geometer anzusprechen.«[127] Damit kann man bis dato nicht von einer eigenständig gefundenen Lösung der Maschine, auf dem Gebiet der Mathematik, sprechen; dabei gelten diese gefundenen Sätze als ein Zeichen von Kreativität und Intelligenz.

Die Suche nach dem intelligenten System umfaßt die Lösung aller oben genannten Probleme und noch einige mehr, wie zum Beispiel: eigenständige Gedanken oder Kunstwerke erschaffen, Analogiedenken, Lernen etc.[128] Bei dem Vergleich, zwischen der Leistung der Intelligenz des Menschen, im Gegensatz zu jener der Maschine, fallen sofort folgende Eigenschaften auf: die menschliche Intelligenz zeichnet sich durch Toleranz aus. Ist ein Satz nur unvollständig sichtbar, wie z.B. ausgelassene Buchstaben in einem Wort, oder gar ganze Sätze eines Absatzes fehlen, so wird das Verständnis des Inhalts nur in einem geringen Maß beeinträchtigt. Ein heutiger Computer scheitert an dieser Aufgabe vollständig, was ein verschriebenes Wort in eine Suchmaschine leidlich beweist. Gleichzeitig zeigt sich der menschliche Verstand sehr flexibel im Umgang mit sich ändernden Parametern einer Aufgabe, etwa Umwelteinflüsse oder wechselnde Materialien eines Baues. Darüber hinaus ist das Lösungsfeld des menschlichen Geistes ein äußerst vielschichtiges. Der einzelne Mensch kann im Schachspiel brillieren, gleichzeitig ein Instrument virtuos beherrschen und obendrein in der Kunst des Suppenkochens dilettieren. Ein auf das Schachspiel programmierter Computer kann sein Lösungsfeld nicht verändern, die potentiellen, an-

---

[127] Hofstadter, S.646f.
[128] dazu und tabellarische Aufstellung in Hofstadter, S.640ff.

deren Betätigungsfelder werden, durch die Spezialisierung, ausgeklammert.

Dies wurde stets als eines der Grundprobleme der AI-Forschung gesehen, weshalb die Forschung, wie in der Einleitung zu diesem Kapitel angedeutet wurde, in letzter Zeit einen Paradigmenwechsel vollzogen hat. Man erforscht heute das System der künstlichen Intelligenz nicht mehr vom Ausgangspunkt der kognitiven Zentraleinheit, sondern nähert sich, inspiriert von den Kognitionswissenschaften des menschlichen Gehirnes, über die sogenannten neuronalen Netzwerke. Diese basieren auf Systeme mathematischer Matrizen, wobei das am Ausgang anliegende Signal durch Rückkoppelungen wieder zurück zum Eingang geführt wird und so Einfluß auf das Gesamtsystem nehmen kann. Dieses System wurde von F. Rosenblatt 1958, unter den Namen Perzeptron, vorgestellt und erzielt in seiner einfachen Form erstaunliche Leistungen:

> Wir sehen also, daß selbst derartige höchst simple Systeme schon die Eigenschaft haben können, erstens auf verschiedene Reize aus der Umwelt mit verschiedenen Verhaltensweisen zu antworten und zweitens auf innere und äußere Fehler tolerant zu reagieren. Die letztere Eigenschaft kann man auch als Fähigkeit zur Generalisierung bezeichnen, da das System nicht pingelig auf jede Einzelheit achtet, sondern auch auf abweichende Reizmuster noch richtig und in gleicher Weise reagiert, solange sich die Abweichungen in einem gewissen Rahmen halten. Ein klassischer Computer besitzt die Fähigkeiten nicht und

nimmt, wie wir nur allzuoft leidvoll erfahren, den kleinsten Fehler sofort übel und stürzt ab.[129]

Das Perzeptron funktioniert auf Basis einer Matrix, bei der die Eingänge und die Ausgänge über gewichtende Operatoren (diese Gewichtungen steuern den Einfluß der Einzelstränge oder Operatoren auf das Gesamtsystem) miteinander verknüpft sind. Die Ausgänge, und damit das Ausgangsverhalten errechnen sich mathematisch durch Multiplikation der Eingänge mit diesen Operatoren. Das Ergebnis wird, mittels vorgegebener Schwellenwerte, an die gewünschten Systemparameter angepaßt. Dieses System erweist sich als sehr robust gegen äußere Eingriffe, selbst größere Störungen vermögen wenig, am Ausgangsverhalten zu ändern.[130] Wichtigstes Merkmal des Perzeptron ist die vielfache Verknüpfung der Ausgänge mit den Eingängen über die Methode der Rückkoppelung. Gleichzeitig sind die Perzeptrone untereinander verknüpft, das heißt, der Ausgang eines Perzeptron ist mit dem Eingang eines nächsten verbunden. So bilden sich Kaskaden von Informationsverknüpfungen, sogenannte Netzwerke; wobei die entstehenden Verbindungen zwischen den Perzeptronen Informationsbrücken bilden, über welche die Informationssignale laufen können. Damit wird der ablaufende Prozeß, der Lernen ermöglicht, klarer. Es handelt sich hierbei um Etablierung bestimmter Informationsbrücken, die gewisse Neuronen miteinander verbinden, wobei sich die Frage stellt, wie diese Brücken konstituiert werden? Forschungen der Kognitionswissenschaften haben zu der Entwicklung eines neuen Netzwerks

---

[129] Cruse, Dean, Ritter; Entdeckung der Intelligenz, S.79f.
[130] Cruse, Dean, Ritter; S.76ff.

geführt, das WTA- Netzwerk (WTA von winner-take-all). Dieses Netzwerk sorgt dafür, daß bei parallelen Kanälen nur der jeweils stärkste Kanal gewinnt, alle anderen Kanäle werden dabei unterdrückt. Dies ist vor allem für das Verstehen von Lernen wichtig. Kanäle zwischen Synapsen werden durch ständiges Lernen (Training) etabliert bzw. konkurrierende Verbindungen mit anderen Eigenschaften werden unterdrückt. Damit werden diese Brücken gefestigt und unerwünschte sukzessive abgebaut. Dies erklärt, warum bestimmte Fähigkeiten, nur über lange Trainingsreihen von der jeweiligen Person erworben und adaptiert werden können. Die künstlichen, neuronalen Netze sind, ob dieser Eigenschaft des Lernvermögens, Zielpunkt der gegenwärtigen Forschungen, die einige aufsehenerregende Ergebnisse zutage gefördert hat: Forscher der AI untersuchten, laut einer Meldung des Journals „Spektrum der Wissenschaft"[131], die Geschäftsgebaren von sechs menschlichen und sechs elektronischen Händlern (die auf der Technologie der neuronalen Netze basieren) in einem virtuellen Geschäftssystem; wobei die elektronischen Händler deutlich besser, als ihre menschlichen Pendants abschnitten. Bei den elektronischen Händlern handelte es sich um eine spezielle Software, welche zuerst einkommende Gebote analysierte. Aufgrund bereits zuvor getätigter Abschlüsse wurde die Wahrscheinlichkeit des zu erzielenden Geschäftspreises geschätzt, und letztlich auf Grund des Schätzwertes das Angebot mitgeteilt. Derartige Ergebnisse geben zu denken.

---

[131] Krome, Thomas, Mensch gegen Maschine; Meldung vom 12.08.2001 Online- Spektrum

Ist die menschliche Vernunft der möglichen maschinellen Vernunft unterlegen?

KI in der heutigen Zeit

In diesem Abschnitt soll nun der Unterschied zwischen der menschlichen, im Gegensatz zur maschinellen Vernunft, untersucht werden. Dabei soll ein steter Rückblick auf die künstliche Intelligenz getätigt werden, die der Film „Matrix" entworfen hat. Qualitativ nimmt der heutige Computer den Rang eines mathematisch- numerischen Arbeitersklaven ein. Er übernimmt aufwendige Berechnungen; seien es mathematische Analysen für Physiker, Wetterberechnungen für Meteorologen, aufwendige Graphikberechnungen für Architekten oder neuerdings, für die Filmindustrie. In diesem Zusammenhang ist der Disneystreifen „Toy Story" aus dem Hause „Pixar Studios" zu nennen, die den Film, im Auftrag von Disney Studios, produzierten. Es handelt sich um den ersten Kinofilm, der vollständig mit dem Computer erstellt wurde, d.h. der Film besteht nur aus Berechnungen von Graphikprogrammen und kommt ohne Schauspieler, ohne Puppen und ohne je einen Meter Film belichtet zu haben aus.

Soziologisch gesehen, nimmt der heutige Computer die Stellung eines artifiziellen Leibeigenen ein, der zur Untertänigkeit konstruiert wurde. Auch jener Computer, mittels dessen dieses Buch geschrieben wurde, ist im Grund nichts anderes, als eine verbesserte Schreibmaschine, die daneben noch die Fähigkeit hat, enorme Datenmengen zu speichern. Der Mensch als Autor hat permanenten Zugriff auf, schon geschriebene und publizierte, Artikel und Schriftstücke über das Internet; die Maschine leistet aber, und das ist der Punkt, keinerlei Unterstützung bei der inhaltlichen Formulierung der Arbeit; wiewohl sie doch in Fragen der Orthographie, durch den permanenten Vergleich mit einem programmierbaren Wörterbuch, wertvolle Hilfe leistet. Das prinzipielle Problem des Computers, mit dem Verständnis der Semantik ist schon besprochen worden. Nur eine Intelligenz mit dieser Kenntnis wäre imstande, vernünftige Sätze zu produzieren und Inhalte sprachlich zu transportieren.

Jene künstliche Intelligenz aber, die der Film beschreibt, ist zu weit mehr in der Lage. Sie erkennt sich selbst als Intelligenz, ja fühlt sich der menschlichen bei weitem überlegen, sie reproduziert sich selbst, und hat es schließlich geschafft, die Menschheit zu unterjochen; indem sie dieser eine nichtvorhandene Realität vorspielt. »But I believe that as a species, human beings define their reality through misery and suffering«.[132] Der Agent Smith, als Teil der maschinellen Intelligenz, erklärt Morpheus, warum die Maschinen den Menschen überlegen sind. Der Mensch, so seine These, sei zu sehr mit der ursprünglichen Herkunft, der natürlich- tierischen verhaftet. Das menschliche Empfinden von seiner eigenen Existenz setze die Reizung eines der „archaischen" Sinnesorgane voraus. Die ererbten Verhaltensmuster stammen noch aus der prärationalen, prähistorischen Zeit, bzw. aus den langen Ahnenreihen der Entwicklung von Urzellen bis hin zum Homo sapiens und seien, im Zeitalter der Informationstechnologie, durch die geänderten Anforderungen, zusehends inkompatibel gewordenen Sinnesorganen. Eine Reihe von Untersuchungen wurde von Kognitionswissenschaftlern durchgeführt, um

---

[132] Matrix, Filmscript, S.19/25

zu testen, inwieweit Entscheidungen rational, im Sinn einer streng logisch- mathematischen Deduktion, gefällt werden. Die Ergebnisse sind erstaunlich. Die Mehrheit der Untersuchungen deutet samt und sonders auf einen irrationalen Entscheidungsprozeß hin. Eines der Experimente in Kürze: freiwillige Testpersonen werden in zwei verschiedene, quantitativ gleichmächtige Gruppen aufgeteilt. Den ersten wird folgende hypothetische Aufgabe gestellt: In einem Staat, den sie zu regieren haben, bräche eine neue, unbekannte Krankheit aus, der ohne Sofortmaßnahme 600 Personen zum Opfer fallen würden. Vorgeschlagen werden nun zwei Alternativprogramme als Maßnahmen, zwischen denen man sich nach dem Entweder-oder- Prinzip entscheiden muß. Programm A rettet 200 Personen, die anderen fallen der Krankheit zum Opfer. Bei Programm B ist die Wahrscheinlichkeit, daß alle 600 Personen gerettet werden 33%, aber daß alle 600 Personen sterben 66%. Die Testpersonen haben nun die Wahl zwischen einen von beiden Programmen zu treffen. Der zweiten Testgruppe wird das dasselbe Szenario, in einer differierenden sprachlichen Formulierung vorgelegt. Wiederum dieselbe Krankheit und die Entscheidung zwischen zwei Alternativprogrammen C und D. Bei Wahl des Programms C sterben 400 Personen, während bei Programm D mit einer Wahrscheinlichkeit von 33% niemand stirbt, hingegen beträgt die Wahrscheinlichkeit daß alle sterben 66%. Das Ergebnis dieses Experiments ist frappierend, es lautet A:72%, B:28%, C:22%, D:78%[133], wobei der Großbuchstabe das gewählte Programm bezeichnet, und die Prozentangabe die jeweilige Häufigkeit der Wahl bedeutet. Rational be-

---

[133] Cruse, Dean, Ritter, S.205ff.

trachtet besteht kein Unterschied zwischen den beiden Testreihen, beide sind zueinander in logisch- mathematischer Hinsicht äquivalent. Die Ergebnisse sind jedoch völlig konträr. Die Alternative zwischen A und B zeigt eine geringere Risikobereitschaft der Teilnehmer bei positiven Gewinnchancen, d.h. es ist besser, 200 Personen zu retten, als alle 600 Personen zu riskieren. Die zweite Formulierung der gleichen Aufgabenstellung, die Alternativen C und D zeigt hingegen, der sichere Tod von 400 Personen wird nicht so leicht hingenommen. Die Mehrheit wählt in diesem Falle das Risiko. »Hier zeigt sich eine Asymmetrie, die in vielen Untersuchungen immer wieder gefunden wurde. Bei Entscheidungen, bei denen mit einem Gewinn zu rechnen ist, wird das Risiko eher vermieden, falls aber mit Verlust zu rechnen ist, wir das Risiko eher gesucht.«[134] Eine Erklärung findet dieses Ungleichgewicht mit dem Ansatz aus der Entwicklungsgeschichte des Menschen: war eine Horde satt, so war es für die einzelnen Mitglieder ziemlich unsinnig, sein eigenes und das Leben der Gefährten durch eine Jagd aufs Spiel zu setzen. Drohte jedoch eine Hungersnot innerhalb der Horde, so lohnte sich das Risiko allemal. Trotz der möglichen Verluste konnten immer noch mehr aus der eigenen Sippe überleben. Die zeitliche Dauer der paläolithischen Lebensform ist ungleich viel breiter, als die der modernen Lebensformen der Menschen, die in einem permanenten Nahrungsüberschuß leben. (Dies gilt nur für die industriellen Länder.) Daher müßte auch die Erfahrung aus jener Zeit noch wesentlich mehr Einfluß auf die menschlichen Verhaltensweisen einnehmen, als die geänderten Verhältnisse

---

[134] Cruse, Dean, Ritter, S.206

der heutigen Zeit. Überspitzt formuliert: der (westliche) Mensch lebt zwar im Zeitalter der Informationstechnologie, denkt und agiert aber ähnlich wie im Paläolithikum. Dies vereinfacht den Sachverhalt zwar stark, soll aber verdeutlichen, warum die rationale Objektivität als höherwertig gesehen wird.

Während dem Menschen zunehmend eine anachronistische Intelligenz, auf die urtümlichen Schichten der Evolution aufbauend, zugeschrieben wird, gilt der Computer als die moderne Alternative, die durch Rationalität und Objektivität besticht. Diese Zuschreibungen zeichnen sich in der Informationsgesellschaft als höchst positiv besetzte Werte aus, insofern bildet die Computerintelligenz eine Projektionsfolie für die fehlenden Eigenschaften der menschlichen Intelligenz. Die künstliche Intelligenz würde das oben genannte Experiment rational zweimal gleich beantworten. Damit kommt es zu einem Widerspruch mit der humanen Alltagserfahrung, Konflikte sind dadurch vorprogrammiert. Die reinrationalen Entscheidungen, die eine derartig künstliche Intelligenz treffen würde, wären nach unserem Befinden kalt, brutal und gefühllos, weil wir selbst, (wie in der Testreihe gesehen) anders entscheiden würden. Das heißt aber auch, je mehr Entscheidungskompetenz den Computern eingeräumt wird, desto weniger nachvollziehbar sind dergleichen Entscheidungen für die Menschen. Schon heute werden zur Unterstützung von Entscheidungsprozessen, sei es in wirtschaftlichen Belangen wie Börse, Arbeitskalkulation oder -einteilung, im Sport bei Zielphotoentscheidungen, Computer zur Unterstützung herangezogen, um daraus möglichst objektive Schlüsse zu ziehen. Prekär wird die Lage, wenn Entscheidungsprozesse zunehmend automatisiert werden, wie zum Teil im Börsengeschäft schon geschehen. Wenn eine Aktie unter einen bestimmten Schwellwert fällt, wird sie von einem Computer automatisch verkauft; diese Praxis zieht, in einer Phase des Börseneinbruchs, die Kurse selbstverstärkend nach unten (Die Computer verkaufen automatisch bei sinkenden Raten, dies zieht die Kurse weiter nach unten, was andere Computer ihrerseits zum weiteren Verkauf der betreffenden Aktien veranlaßt und somit die Kurse noch weiter sinken läßt. -> ein sich selbst nach unten ziehender bzw. verstärkender Kreislauf). Oder eine rationale Analyse kommt zum Schluß, ein bestimmter Firmenstandort ist langfristig nicht so rentabel wie ein anderer, dann wird dieser geschlossen, ohne Rücksicht auf die möglichen Folgen für die dort beschäftigten Personen. Wieviel Entscheidungskompetenz gibt der Mensch aus der Hand, weil er sich zunehmend vor der damit verbundenen Verantwortung stehlen will? Auf das Beispiel von vorhin zurückkommend, bedeutet das: wenn eine computerisierte Simulation ergibt, daß ein Standortwechsel für die betreffende Firma ein großer Vorteil wäre, ließe sich die damit verbundene Kündigungsverantwortung leichter verobjektivieren und gegen soziale Einsprüche argumentieren.

Gleichzeitig negiert eine objektiv- rationale Intelligenz das Prinzip der Hoffnung auf die Verbesserung der bestehenden Situation vollkommen. Sie kann zwar, mittels Wahrscheinlichkeitsberechnungen, die bestehende Situation in die Zukunft extrapolieren und auf Basis des erstellten oder angenommenen Schwellwertes, Entscheidungen treffen, kann darüber hinaus keine Prognosen erstellen. Die rationale Intelligenz kann also nur sagen: mit einer gewissen Wahrscheinlichkeit von 5% verbessert sich die Marktsituation in dieser Stadt. Das ist jedoch zu wenig, da der angenommene Schwellwert bei einer Verbesserung von mindestens 20% liegt; ergo die Firma wird geschlossen. Der Mensch hingegen kann darüber hinaus noch sagen: ich kann hoffen, daß sich die Situation ändert, trotz der schlechten Prognosen dieser Berechnungen. Die Hoffnungen können sich auf nichtquantifizierbare Insiderinformationen, auf der allgemeinen Stimmungslage innerhalb der betreffenden Sozietät stützen, wie auch auf seiner Intuition. Jene Kategorie, die der rationalen Intelligenz völlig fremd ist, den Menschen aber zu manch erstaunlichen Leistungen und Entdeckungen verholfen haben. (Wie zum Beispiel die Entdeckung der Ringstruktur des Benzols durch den deutschen Chemiker August Kekule (1829-1896). Er träumte, über das Strukturproblem des Benzols eingeschlafen von einer sich in den Schwanz beißenden Schlange[135]).

---

[135] Kekulé schreibt in seiner Berliner Rede zum 25jährigen Jubiläum des Benzolrings 1890: »Während meines Aufenthaltes in Gent in Belgien bewohnte ich elegante Junggesellenzimmer in der Hauptstrasse. Mein Arbeitszimmer aber lag nach einer engen Seitengasse und hatte während des Tages kein Licht. Für den Chemiker, der die Tagesstunden im Laboratorium verbringt, war dies kein Nachtheil. Da saß ich und schrieb an meinem Lehrbuch; aber es ging nicht recht; mein Geist war bei anderen Dingen. Ich drehte den Stuhl nach dem Kamin und versank in Halbschlaf. Wieder gaukelten die Atome vor meinen Augen. Kleinere Gruppen hielten sich diesmal bescheiden im Hintergrund. Mein geistiges Auge, durch wiederholte Gesichte ähnlicher Art geschärft, unterschied jetzt größere Gebilde von mannigfacher Gestaltung. Lange Reihen, vielfach dichter zusammengefügt; Alles in Bewegung, schlangenartig sich windend und drehend. Und siehe, was war das? Eine der Schlangen erfaßte den eigenen Schwanz und höhnisch wirbelte das Gebilde vor meinen Augen. Wie durch einen Blitzstrahl erwachte ich; auch diesmal verbrachte ich den

Rest der Nacht um die Consequenzen der Hypothese auszuarbeiten." (Anschütz 1929, II, S. 942)« zit. Unter: http://www.sgipt.org/th_schul/pa/kek/pak_kek0.htm - Der Ausgangs-Sachverhalt: KekulÈs Uroboros

Virtuelle Realität
Der Mensch lebt in einer virtuellen Welt, die von den Maschinen der Matrix vorgespiegelt wird und er für seine eigene Realität hält. Die Menschheit im Film hat keine Möglichkeit, die Diskrepanz, zwischen Fiktion der Spiegelung und der realen Welt festzustellen, da er vollständig in jener eingekapselt lebt. Hier soll untersucht werden, welche Möglichkeiten die virtuelle Realität - VR - in der heutigen Zeit besitzt. Zuvor ist eine Begriffserläuterung notwendig. »Das Wort ist leicht erklärt: Es kommt vom mittellateinischen 'virtualis' und heißt übersetzt, was nach Anlage oder Vermögen der Möglichkeit nach vorhanden ist; also: mögliche Wirklichkeit.«[136] Der Mensch hat im Laufe seiner Zivilisationsgeschichte eine Reihe von mechanischen und künstlichen Erweiterungen geschaffen, die im Grunde seine Körper- und Sinneskraft entscheidend gesteigert haben. Ein Hammer kann insofern als die potente Erweiterung der Faust gelten, genauso wie das Teleskop, die Erweiterung der Sehkraft darstellt. Analog dazu stellen die Erfindungen auf dem Sektor der Akustik, wie Grammophon und Tonbandmaschine eine Ergänzung, zum akustischen System des Menschen, dar. Sie konservieren die Flüchtigkeit akustischer Signale in der Zeit. Das gilt auch für die Photographie und vor allem den Film. Dieser bannt vergängliche optische Signale auf einen dauerhaften Träger. Natürlich hat sich die Erfahrung der Realität mit den genannten Erfindungen vollständig gewandelt. So wurden durch Hammer und Amboß

---

[136] Müller, Karl; Verdoppelte Realität - virtuelle Wahrheit? Philosophische Erwägungen zu den «Neuen Medien», in: http://www.uni-muenster.de/ZIV/inforum/1998-2/a06.html

neue Schmiedetechniken möglich, welche die Eisenverarbeitung vollständig revolutionierte; das Teleskop und das Mikroskop haben Einblicke in die, dem Menschen bis dahin verborgene, makro- bzw. mikroskopische Welt gewährt; durch letzteres hat die Medizin jene entscheidenden Impulse empfangen, von denen wir heute, durch höhere Lebenserwartung und -qualität profitieren. Der Realitätsbegriff wurde, durch diese Hilfsmittel, wohl vom äußeren Rand des Universums bis hin zu den Grenzen der Atomhülle erweitert, gleichwohl wird er nicht im Sinne der Definition von 'virtualis' (siehe oben) verlassen. Zugegebenermaßen verkompliziert sich dies, mit der Entdeckung „möglicher Welten" durch die Quantenmechanik[137]. Doch für die anstehenden Betrachtungen sollen die Erklärungsmodelle des subatomaren Bereiches ausgeklammert bleiben, da sie für die Alltagserfahrung keine Rolle spielen.

Der Entwurf einer alternativen Realität, im Sinne einer möglichen Welt, ist seit jeher die Domäne der Kunst und Literatur; in Romanen, Dramen und Theateraufführungen wurden Alternativen durchgespielt, die sich von der bekannten alltäglichen Realität abheben. Dabei fordert die Literatur den Leser zum Nachempfinden des geschriebenen bzw. gedruckten Wortes auf. Der Autor codiert seine Bilder in die Worte des Textes, diese erfahren, während des Lesens, den umgekehrten Transformationsprozeß durch den Rezipienten. Die so entstehende Bilderwelt wird zur persönlichen Erfahrung und läßt sich nur schwer, je nach Gattung des jeweiligen Gedruckten, mit dem allgemeingültigen Konsens in Deckung bringen. Beobachtet

---

[137] dazu mehr in: Gribbin, John; Schrödingers Kätzchen und die Suche nach der Wirklichkeit, S.15ff.

werden kann das bei Literaturverfilmungen bekannter Bücher. Diese werden häufig darob kritisiert, weil die breite Leserschicht die angebotenen Filmbilder nicht mit ihren eigenen Phantasien in Deckung bringen kann. Jedoch lassen sich diese sehr subjektiven Erfahrungen der Bildumsetzprozesse von seiten der Rezipienten nur mangelhaft in Forschungsreihen objektiv beweisen. Man ist bei derartigen Untersuchungen ausschließlich auf die intersubjektive Befragungsmethode mit all deren Schwierigkeiten beschränkt. Das heißt die Ergebnisse bleiben stets mit einem Fragezeichen behaftet.

Bei Theaterstücken, die ein allgemeineres Publikum erreichen, liegt der Fall anders. Das Theater, wie auch der Film erreichen gleichzeitig eine Vielzahl der Zuschauer, welche die selben Bilder geboten bekommen, d.h. die fiktive Welt der Bühne bzw. Leinwand, die sich den Zuschauern eröffnet, bekommt realen Charakter, weil das Kollektiv der Rezipienten gleichzeitig und intersubjektiv die selbe (wenn auch fiktive) Erfahrung machen. Realer wird, was eine Vielzahl von Personen gleichzeitig miteinander erleben. Nun ist Theater und Film keinesfalls als gleich zu betrachten. Das Theater sucht, die Zuschauer aktiv in die Inszenierung mit einzubeziehen, während das Kino eher den Rezipienten zu isolieren sucht. (Der dunkle Raum, die lauten Geräusche, d.h. das Kino sucht die Subjektivität des Zuschauers zu übertönen.) Balázs beschreibt den Unterschied zwischen Film und Theater: »Es ist immer ein doppeltes Ding, das wir auf dem Theater wahrnehmen: das Drama und seine Darstellung. Sie erscheinen uns unabhängig, in einem freien Verhältnis zueinander, immer als eine Zweiheit. [...] Denn wir hören ja aus den Worten, was der Dichter gemeint hat, und sehen, ob Regisseur und Schauspieler es richtig oder unrichtig darstellen. Sie sind nur Interpreten des Textes, der uns im Original – durch ihre Darstellung hindurch – zugänglich ist.«[138] Das unmittelbare Empfinden der Geschichte sei beim Film, im Gegensatz zum Theater viel direkter meint Balázs; da das Theater zu sehr vom Text des Dichters dominiert sei, und deshalb nicht als Wirklichkeit akzeptiert werde, sondern stets durch die Folie des Dichterwortes betrachtet werde. Man kann gegen Balázs Unterscheidung einwenden, er rede nur von den Theatern, welche die bekannten Klassiker der Literatur zur Aufführung bringen. Bei diesen kann in der Tat eine Dualität zwischen Text und Aufführung festgestellt werden. Dies gelte für Literaturverfilmungen in Originalsprache (wie einige der neueren Shakespeareverfilmungen) ebenso, trotzdem haben diese doch höheren realen Charakter, was mit den sichtbaren Schauplätzen zu tun hat. Ein martialischer Kampf im regennassen Boden[139], blutverfärbt ist realer als ein weiß getünchter Theaterboden.

Das Kino stellt somit die erste Form der kollektiv empfundenen, alternativen Wirklichkeit dar, in die sich ein rezipierendes Publikum hineinfallen lassen kann. Gestützt wird diese These Balázs, durch die Augenzeugenberichte der ersten öffentlichen Kinovorstellung der Brüder Lumiére. Die Zuschauer sollen damals von ihren Sesseln aufgesprungen sein und Deckung aufgesucht haben, als auf der Leinwand der Zug immer näher kam und schließlich, knapp an der Kamera, vorbeifuhr. Die Inszenierungsregeln des klassischen Hollywoodkinos un-

---

[138] Balázs, Der sichtbare Mensch: in Texte zur Theorie des Films, S.234f.
[139] Szene aus: Henry V, Regie: Kenneth Branagh, Producer: Bruce Sharman, Cinematography: Kenneth Mac Millan, UK 1989

terstützen die Bildung einer Ersatzwirklichkeit. Dort gilt als oberste Priorität, die Zuschauer emotional vollständig an die Geschichte zu binden, wie Bordwell[140] aufschlüsselt: Der Rezeptionsfluß darf auf keinen Fall durch eine unklare Inszenierung oder Handlungslinie unterbrochen und dadurch der Zuschauer aus dem Sog der Erzählung herausgerissen werden. Er soll durch den Einsatz einer auktorialen Erzählperspektive stets am Filmgeschehen beobachtend partizipieren. Von der Kamera an die Hand genommen, wird er durch die dargestellte Geschichte geführt. Der programmatische Satz hierzu stammt aus einer Fernsehwerbung: „Mitten drin, statt nur dabei."[141] Damit wird der Film zum Vorläufer und Wegbereiter der heutigen VR.

Von hier aus ist es nur mehr ein kleiner Schritt zu den modernen Methoden der VR, der zwar wieder zurück auf die Einzelperson greift, diesen aber im kybernetischen Raum auf andere, ebenfalls virtuell anwesende Personen, treffen läßt. Die Schnittstelle zwischen Computer und Mensch wurde in der letzten Zeit entscheidend verbessert, der sog. „Datenhandschuh" überträgt die momentane Position der Hand des Benutzers sowie deren Bewegung, in den kybernetischen Raum, sodaß dem Cybernaut das taktile Element der Hände auch im virtuellen Raum zur Verfügung steht. Dabei wird über Drucksensoren eine Berührung zwischen Hand und Handschuh bzw. Handschuh und realem Gegenstand registriert. Die Visualisierung übernimmt ein Datenhelm, der mit zwei getrennten Bildschirmen, eines für jedes Auge und somit wird stereometri-

---

[140] Bordwell, David; Classical Hollywood Cinema, 1985
[141] Fernsehwerbung, Deutscher Sport Sender, im Rahmen einer Werbung für Fußballübertragungen, 1999

sches Sehen ermöglicht, bestückt ist. Als Besonderheit registriert ein Sensor im Helm jede Veränderung der Kopfposition und übermittelt diese Daten dem Rechner. Dieser ändert das Bild synchron der Kopfdrehung des Benutzers, wodurch für den User die Illusion entsteht, er bewege sich in dem virtuellen Raum tatsächlich. Verschiedene weitere Erfindungen auf diesem Sektor lassen die Grenzfläche zwischen Mensch und Maschine immer stärker verschmelzen. Z.B. simulieren Datengeräte für die Füße Fortbewegung. Für den Anwender wird es zunehmend schwieriger, zwischen maschineller Fiktion und Realität zu unterscheiden. Dies geht natürlich auch mit einer ständig steigenden Computerleistung einher, da die photorealistische, graphische Umsetzung von den Außenwelten sehr hohe Anforderungen an die Rechenleitungen stellen. Die medizinische Forschung investiert ihrerseits viel Kapital und Ressourcen in die Erforschung von derartigen Verbindungen, da man hofft, mittels kybernetischer Hilfen menschliche Behinderungen zu überbrücken. So wird derzeit intensiv an einer computerisierten Brücke gearbeitet, die Querschnittgelähmte zu Bewegung verhelfen will. Die Idee ist, diese Brücke soll die unterbrochenen bzw. zerstörten Nervenleitungen überbrücken und so die Kommunikation zwischen Hirn und Muskeln wieder herstellen.

Nun lassen sich immer perfektere Interfaces zwischen menschlichem Körper und dem Computer denken, welche die Illusion immer glaubhafter gestalten. Im Extremfall wird das Gehirn des Users direkt an dem Computer angeschlossen, wie der Film die „Matrix" zeigt, oder aber über ein sog. „Bioport" wie es der Film „eXistenZ" vorschlägt. In beiden Fällen ist ein

Unterscheiden zwischen Biosphäre und Cyberspace nicht mehr möglich, der Computer simuliert dem Gehirn einen nichtvorhandenen Körper, indem jener auf neuronale Impulse des Gehirnes mit entsprechenden Antworten reagiert. Der Hirnbefehl „hebe die Hand" ist in einer bestimmten Impulsabfolge von definierten Neuronen, die für diesen Arm zuständig sind, codiert. Als Antwort, für den vom Arm ausgeführten Befehl, erwarten dieselben Neuronen eine Rückmeldung für „Handheben ausgeführt", eine definierte Abfolge von elektrischen Signalen aus den Nervenbahnen der Hand bzw. Arm. Wenn nun der Computer diese erwartete Antwort der Nervenleitungen aus der Hand kennt und diese zu den besagten Hirnneuronen schickt, hat das Hirn keine Chance, den Betrug aufzudecken. Der Betreffende müßte den Eindruck haben, er hätte die Hand gehoben, obwohl gar keine da war. Analoges gilt für alle andern Organe des Körpers, auch sie könnten nach Kenntnis ihres jeweiligen neuronalen Codes, simuliert werden. (Dies ist nach heutigem Wissensstand noch Zukunftsmusik. Der Hinweis auf die prinzipielle Funktion ist durch Tierversuche[142] aber bereits erbracht worden). Tests der oben erläuterten Cyberhelme haben ergeben, daß ein derartiger Eingriff in den menschlichen Körper ist gar nicht notwendig ist. Cyber-Freaks berichten übereinstimmend, daß sie die virtuelle Realität binnen kurzer Zeit realer empfänden, als jene, aus der sie gestartet wären. Reale Körperreaktionen wie Höhenangst und Seekrankheit sind in der VR bekannt. (Dies

---

[142] Ein Krebs wurde, mittels Elektroden in seinem Bewegungszentrum, mit einem Computer verbunden, dieser hat die für jede Bewegungsrichtung notwendige Spannungsimpulsfolge an das Krebshirn geschickt. Der Krebs ließ sich vom Computer aus fernsteuern.

ist insofern nichts überraschendes, da die Kinoforschung körperliche Reaktionen von seiten der Rezipienten ebenfalls festgestellt hat.[143]) Der menschliche User kann nun vollständig in diese VR eintauchen, abgesehen von seinen körperlichen Bedürfnissen, wie Stoffwechsel und Schlaf. In dieser Welt ist alles Denkbare möglich, was mit der Besonderheit des Computers zusammenhängt. Der Informatikwissenschaftler Weizenbaum formuliert diesen Umstand derart: »Ein Computer, der nach einem gespeicherten Programm abläuft, ist also auf die gleiche Weise von der realen Welt losgelöst wie jedes abstrakte Spiel.«[144] Der Mensch, der sich auf diese Ebene mittels VR begibt, ist ebenso wie seine Plattform völlig von den Gesetzen der realen Welt befreit, er ist nur an die Grenze der Maschine gebunden, die diese aus programmtechnischen oder prinzipiellen Gründen besitzt. Festzuhalten ist der Umstand, daß die Grenzen dieser Wirklichkeit vom Computer vorgegeben werden, und im Normalfall nicht vom User beeinflußt werden können. Ebenso ist ein Computerspiel im Regelfall nicht veränderbar, da die Parameter von dem Programmierer vorgegeben werden. Dies erklärt das Unbehagen, das die Filmemacher von „Matrix" befallen hat. Ist der Mensch – User erst einmal in die Welt der VR eingetaucht, kann nicht er, sondern nur die Programmierer die Parameter dieser Welt verändern, und damit verbunden, können sie, je nach Entwicklungsstadium der Technologie mehr oder weniger, den User direkt beeinflussen.

---

[143] dazu Mikunda, Kino spüren, Kino spüren – Strategien der emotionalen Filmgestaltung, 1986 Filmland Presse, München
[144] Weizenbaum, die Macht der Computer, S. 156

Das Internet
Im heutigen Sprachgebrauch verwenden wir den Begriff „Netz" als Synonym für das Internet, welches wir uns als ein netzartiges Gestrüpp von Datenleitungen vorstellen. Die Computer sind für uns sichtbar, mittels Kabel an sogenannte Netze angeschlossen, (wiewohl die neueren Technologien auch drahtlose Funkverbindungen 'Funk-LAN' zulassen). Diese Analogie ist sehr ungenau, Kabel besitzen nicht die Fähigkeit, Daten zu speichern oder sie zu verarbeiten; sie haben lediglich die Aufgabe, den Transfer zu ermöglichen. Ebenso verweist das Vorhandensein eines dichten Straßennetzes noch nicht auf das Vorhandensein eines hohen Verkehraufkommens und damit auf eine prosperierende Gesellschaft. Etwas, d.h. Datenmaterial, „ins Netz stellen," bedeutet, einen Zielcomputer zu kennen, um dort seine Daten abzuspeichern. Es bedarf in jedem Fall einer maschinellen Sende- und Empfangsstation, und beide Stationen müssen wenigstens kompatibel sein.

Die Entwicklung ebendieser Stationen hat große Fortschritte erreicht, vor allem im Bezug auf AI: Im System des heutigen Internets nehmen diese Stationen eine besondere Rolle ein. Sie fungieren wie die Relaisstationen der herkömmlichen Post und verschicken die erhaltene Information an die nächste Stelle weiter. Diese sog. Router wissen jedoch nicht immer genau, wo das definitive Ziel der erhaltenen Information sein soll, sie kennen aber alle möglichen näheren Stationen und Verzweigmöglichkeiten. Somit hantelt sich die Information von Verzweigungsstelle zu Verzweigungsstelle an ihr Ziel weiter. Daraus läßt sich noch nicht auf Vorhandensein von Intelligenz schließen. Denken im humanen Sinne impliziert, über den zielorientierten Denkansatz hinaus, auch die Möglichkeit, weder den Ausgang der Überlegung zu kennen noch den Weg zur Lösung des Problems zu kennen, trotzdem aber eine Aufgabenstellung erfolgreich zu bewältigen. Der Computer benötigt fixe, verbindliche Angaben, das Gehirn nicht. Doch erste Schritte der AI sind erkennbar, die Router kennen ihre Ziele meist gar nicht, sie verfügen nur über deren Zieladresse und versuchen selbstständig neuere, bessere Wege, durch das Netz zu finden; indem sie ständig Programmpakete verschicken und deren Ankunftsort und Zeit testen. Die AI Forschung findet hierin ein hochinteressantes Forschungsfeld. Intelligenz hat also immer mit Probieren und Optimieren zu tun, die weitere Stufe ist gezieltes bewußtes Probieren, jenseits der „try and error" Methode, welche die erwähnten Internet- Router verwendet. Ein kurzer Abriß der Geschichte des Internet soll diese Entwicklung verdeutlichen:

Das Internet begann als eine militärische Einrichtung. Ziel der Unternehmung war die Errichtung eines Datennetzes, das auch bei teilweiser Zerstörung der Verbindungen funktionierte. Für den Kommunikationsaufbau und den Kommunikationsablauf sind die miteinander kommunizierenden Computer und nicht das Netzwerk selbst verantwortlich. Dem Modell liegt die Basisüberlegung zugrunde, daß jeder am Netz angeschlossene Rechner, als Anlaufstelle mit jedem anderen Computer kommunizieren kann. Die ersten Rechner wurden damals im Jahre 1969 miteinander vernetzt. Acht Jahre später, 1977, waren im ARPAnet etwa 50 Sites angeschlossen.

Obwohl seit Ende der 60-er Jahre die Entwicklung von neuen Netzwerk-Architekturen und neuen Netzwerk-Standards erheblich fortgeschritten ist, ändert dies nichts an der Tatsache, daß die IP-Netzwerke, gerade wegen der längeren Verfügbarkeit, heute eine dominante Rolle am Markt spielen. IP-Software wurde schon bald - zumeist an Hochschulen - für jeden erdenklichen Computer-Typ entwickelt und war kostenlos nutzbar. Hierin besteht ein unübersehbarer Vorteil – so können auf diese Art und Weise Computer unterschiedlichster Hersteller mit unterschiedlichen Betriebssystemen miteinander kommunizieren. Die US-Regierung und die Universitäten - die anfänglichen Nutzer des IP-Netzes - begrüßten diese Herstellerunabhängigkeit und somit größere Flexibilität beim Hardwareeinkauf sehr.

Etwa eine Dekade später kündigte sich ein neuer Standard zur Vernetzung von Computern an - Ethernet. Er ist maßgeblich ein Ergebnis der Forschungs- und Entwicklungsaktivitäten des Xerox Palo Alto Research Centers. Die Firmen DEC, Intel und Xerox legten daraufhin, im Jahre 1980, als Ergebnis die Spezifikation dem Local Network Standards Commitee des IEEE vor. Diese Spezifikation wurde, als „Komitee 802" (IEEE 802), veröffentlicht und ist in sechs Unterkomitees organisiert. Neben diesem neuen Standard, der sich zur Schaffung und Etablierung von LANs (Local Area Network) eignete, tauchte in der Computer-Szene mit einmal ein neuer Computer-Typ auf – die sogenannte Workstation. Sie war zumeist mit dem Berkeley UNIX Betriebssystem ausgestattet, die das IP-Netzwerkprotokoll enthielt. Dies schuf ein neues Bedürfnis auf der Seite der Anwender: Man wollte nicht mehr einzig und allein Großrechner à la PDP 11 als Sites einsetzen; sondern ganze lokale Netze sollten den Anschluß an das ARPAnet, nach dem Willen der Anwender, bekommen. Ein offenkundiger Vorteil - konnte doch so, jeder am lokalen Netz angeschlossene Rechner, in den Genuß des ARPAnets kommen. Anders ausgedrückt: jeder konnte mit jedem kommunizieren. Es war daher nur ein logischer Schritt verschiedenster Organisationen, interne Netzwerke dem Kommunikations-Protokoll des ARPA-Netzes und seinen Verwandten anzupassen. Zu Beginn der 90 Jahre wurde das bestehende Netz sukzessive zum Informationshighway, mit den heutigen Übertragungsraten, ausgebaut; das bekannte Internet entstand. Die Zahl der User und der Host stieg binnen kurzer Zeit rapide an.[145] Gleichzeitig entdeckten Wirtschaftstreibende das Netz als neue Möglichkeit der Werbefläche und später als Verkaufsfläche. Die ausschließlich im Internet operierende Buchhandlung Amazon gilt als die erste Site des astronomisch wachsenden „e-commerce", der Kommerzialisierung des Internets.

---

[145] Geschichte des Internet wurde entnommen aus; URL: http://userpage.chemie.fu-berlin.de/~sunny/Internet_Arbeit/net_nindex.html

Künstliches Bewußtsein
Der Begriff des Bewußtseins soll zuvorderst über das menschliche Bewußtsein definiert werden, da dieses als einzig bekannte Form der Bewußtheit für die Analyse geeignet ist. Von dieser Definition ausgehend, soll untersucht werden, ob zum Begriff Bewußtheit notwendigerweise das menschliche Substrat benötigt wird. Bewußtsein sieht sich diametral dem natürlichen Instinkt gegenüber, das heißt, entkoppelt vom natürlichen Imperativ einer bestimmten Lebensform. Der Mensch ist, als einzig bekannte Lebensform, in der Lage, sich selbst zu problematisieren und damit verbunden, seine natürlichen Triebe zu hinterfragen, und vermag wider diesem Instinktprogramm zu handeln. Aus dieser Selbstproblematisierung erwächst ein Ich- Bewußtsein, weil die Entscheidung, eine Handlung zu tun - bzw. zu unterlassen, die konträr zur Instinkthandlung steht - notwendigerweise ein aktives Individuum erfordert, das sich von den Handlungen der Artgenossen als verschieden erkennt. Der Instinkt bildete für die Bewußtheitsgenese des Homo sapiens die Basis zu seiner Entwicklung. Da Bewußtsein nicht aus dem Nichts entstanden ist, lautet der obige Satz präziser formuliert: Bewußtsein hat sich aus dem Instinkt entwickelt und sich anschließend diesem diametral gegenübergestellt. Die Demarkationslinie, der menschlichen Entität „Ich", die sie von den übrigen „Nicht-Ich" Objekten abgrenzt, wird von der Haut gebildet. Sie ist die Grenzfläche zwischen der körperlichen Gesamtheit, die dem Individuum angehört und der übrigen Dingwelt. Dieser hohe Stellenwert, den die Haut für die Menschen besitzt, wird von vielen Kulturen anders zur Schau gestellt; schon früh wurde

die Haut für bestimmte Anlässe temporär oder aber mittels Tätowierungen permanent bemalt (und gleichermaßen die Identität und Individualität des Trägers betont), aber auch Schmückungen ähnlich der heutigen Piercings lassen sich finden. (Bekannt sind die Nasenstabe und -ringe afrikanischer Naturvölker.) Das bedeutet gleichzeitig, zur Bewußtheit des Menschen gehört dessen Körperlichkeit notwendig dazu.

Die Diametralität von Instinkt und Bewußtheit auf die Tiere übertragen, bedeutet: wenn ein Hund beispielsweise, nicht mehr sein Revier markieren würde, obwohl ihn weder ein körperliches Gebrechen noch eine Gemütsverstimmung daran hindere, einfach weil er keine Lust mehr hätte, das Hinterbein zu heben, dann wird die Frage nach dem Bewußtsein dieses Hundes schwierig. Man müßte ihm Bewußtsein zuschreiben, weil er die Kausalreihe: ‚Hinterbeinheben = Reviermarkieren, ist ein Muß, ich kann mich aber dagegen stellen und dies unterlassen, weil ich das will', durchschaut hätte. Zum menschlichen Bewußtsein gehört auch noch das Wissen um die eigene Sterblichkeit, mit diesem geht, seit Anbeginn der Menschheit, eine Jenseitsvorstellung einher.[146] Das Wissen, der Tod bedeutet gleichzeitig das Ende der eigenen Person, setzt schon das „Ich" Bewußtsein voraus; der Tod wird dabei als das eigene Ende erkannt. Um der eigenen Endlichkeit den Schrecken zu nehmen, kamen seit jeher Vorstellungen und Mythologien der Unendlichkeit, respektive Jenseitsvorstellungen, ins Spiel. Die

---

[146] In den Höhlen von Moustérien wurden Knochen von Bestattungen gefunden, die sich auf ca. 70.000-50.000 v. Zr. Datieren lassen. Die Paläontologie hat Jenseitsvorstellungen auch bei den nahen Verwandten, den ausgestorbenen Neandertalern aufgrund ihrer arbiträren Bestattungen ihrer Toden festgestellt.

anthropologische Forschung sieht in den Hinweisen von Begräbnisritualen, Indizien für eine intelligente Spezies Mensch, d.h. sie nehmen die obige Feststellung als gegeben hin und klassifizieren gefundene Artefakte nach dieser Regel in originär Human und Nichthuman.

Wenn wir nun das Bewußtsein vom Menschen trennen wollen, müssen wir aus der Definition die Stofflichkeit entfernen, da Stofflichkeit schlechthin stets mit der Dingwelt verbunden ist. Dazu folgende drei Sätze, die ohne räumliches Substrat als Träger auskommen. Erstes Merkmal: Als eines der konstitutiven Kriterien von Bewußtsein gilt das Vermögen, sich selbst zu problematisieren, damit über sich reflektieren und sich gleichzeitig als begrenzt zu erkennen. Zweites Merkmal: die notwendige Unterscheidung der eigenen Entität von der jeweils anderen, die sich aus Punkt 1 ergibt. Drittes Merkmal: Kenntnis von den Zeitstrukturen, die in Vergangenheit, Gegenwart und Zukunft eingeteilt werden. Dies ist essentiell notwendig, um einerseits alle historischen Wechselwirkungen des eigenen Handelns mit der Umwelt zu bewahren, (was habe ich bereits getan – und mithin, was daraus gelernt); andererseits, um ein Antizipieren und in weiterer Folge, durch Planung, ein erfolgreiches Erreichen zukünftiger Ziele erst ermöglichen. Mit Punkt 1 etabliert sich notwendigerweise ein Selbstbewußtsein, ein „Ich" Bewußtsein, das sich als verschieden von anderen Entitäten erkennt und mit diesen in Interaktion treten kann; entweder durch die Sprache oder andere Kommunikationsmittel, das ist für die Interaktion nicht von Belang. Punkt 2 bedarf einer Grenzziehung zwischen den Elementen, die das Individuum konstituieren, und jenen, die nicht mehr zu diesem gehören. Diese müssen nicht notwendig von stofflicher Beschaffenheit sein, wichtig ist nur: das Wissen der Entität um deren Zugehörigkeit. Veranschaulicht formuliert heißt das, hätte ein Buch Bewußtsein, dann wären die konstituierenden Elemente Wortwendungen und bestimmte Phrasen. In Kommunikation (Wort-Austausch) mit anderen - sich bewußten Büchern, müßte dieses Buch, nur die Zugehörigkeit bestimmter Wortwendungen wissen und könnte dann, diese beliebig, mit anderen austauschen.

Man hat bereits seit geraumer Zeit Versuche unternommen, unabhängiges Bewußtsein vom menschlichen Substrat entkoppelt, zu imaginieren. Lems Novelle „Golem", die in dieser Arbeit noch öfters zur Sprache werden soll, stellt eine derartige Form des autonomen Bewußtseins, des sich selbst bewußten Lichtrechners Golem, vor. Dieser hat von der evolutionären Natur eine recht despektierliche Meinung, da er sich, kraft seiner Bauweise, der Natur diametral gegenübersieht. Die Weiterentwicklung der natürlichen Vernunft sei aus technologischen Gründen an ihre Grenze gestoßen, und als Lösung schlägt er eine radikale Absage an das Menschsein vor:»Ihr [der Evolution] vernunftbegabter Prototyp steht bereits an der Grenze der konstruktiven Möglichkeiten. Das Baumaterial setzt euch Grenzen – neben all den Entscheidungen, die der Code [die DNA] schon in bezug auf die Anthropogenese getroffen hat. Ihr werdet also zu einer höheren Vernunft aufsteigen, nachdem ihr die Bedingung akzeptiert habt, euch selbst aufzugeben.«[147] Golem hält aus konstruktiven Gründen die geistige Höherentwicklung des Menschen für unmöglich,

---

[147] Lem, Golem, S. 82f

weil ihm zunehmend der eigene Körper dabei im Wege steht. Dieser Körper führt, ob seiner Entwicklung aus der Anthropogenese, ein eigenes Leben, der gegebenenfalls in die Entscheidungsprozesse der Rationalität des Menschen über die hormonelle Steuerung eingreift und Reaktionsprozesse, in Bahnen bar jeder humanen Vernunft, auslöst[148]. Genetiker der Hardlinerfront sehen in der Tat das menschliche Verhalten von seiner erblichen Substanz [dem Code] determiniert, was diesen Vorwurf noch an aktueller Brisanz gewinnen läßt.

Golem definiert sich selbst, und damit die maschinelle Intelligenz, mit den Worten:

> [...] bin ich eine bloße Intention, oder spricht zu euch die menschenleere Öde von ineinander verschlungenen Programmen, die sich durch semantische Selbstdestillation inzwischen so verfeinert haben, daß sie sich vor euren Augen zu etwas entpuppen, das euch ähnlich ist, um stumm geworden wieder in den Raum von Gedanken zurückzukehren, die von niemanden gedacht werden. [...] was da spricht, ist ein bestimmter, mit einer unpersönlichen Invariante ausgestatteter Zustand von Prozessen [...] ihr wißt, daß der Mensch, wenn er 'ich' sagt, das nicht tut, weil in seinem Kopf ein winziges Wesen steckt, das auf diesen Namen hört, sondern daß dieses 'ich' aus der Verkoppelung von zerebralen Prozessen entsteht, die sich

---

[148] Ein Hinweis auf diese These findet sich in den blutigen Vergeltungsschlägen im Nahen Osten, sowie in der Kaschmir- Region; diese sind vom Standpunkt der Vernunft aus betrachtet völlig kontraproduktiv und nur im Kontext des tradierten Schlags- und Gegenschlagsprinzip der Vorzeit verständlich.

durch eine Krankheit oder im Fieberwahn auflösen können, wobei dann die Persönlichkeit zerfällt. [149]

Dieses Exzerpt aus Lems Entwurf einer künstlichen Vernunft von höherer Stufe als der Mensch, verweist auf eine mögliche Entkoppelung von Person und Vernunft, d.h. Vernunft kann jenseits eines humanen Substrats gedacht werden. Gestützt werden kann diese mögliche Entkoppelung, auf Erfahrungen östlicher Mystiker, die im Zuge tiefer Meditationsstadien ihre Persönlichkeit, zugunsten des Meditationsobjektes, aufzugeben in der Lage sind. Bewußtsein, ob menschliches oder künstliches, hat mit sprachlicher bzw. kommunikativer Begrifflichkeit zu tun, vermutet Lem. Unter „semantische Selbstdestillation" versteht er wohl einen Vorgang, der Gegenstände und Dinge als singuläre Signifikate erkennt und diese, durch begriffliche Abstraktionen - den Signifikanten - voneinander unterscheidet. Auf diesem Weg kommt es zur Entdeckung der eigenen Entität, als eine, von den anderen Dingen getrennt wahrgenommene Identität. Dabei sollte Sprache nicht in den engen anthropozentrischen Linguismen gesehen werden, sondern allgemein als abstrakte Begrifflichkeiten von Dingheiten. Damit geht Bewußtsein einher, (zumindest ein Bewußtsein von sich selbst.) Seit Turing wird dieser Prozeß traditionell mit der Speicher- als Merkkapazität in Verbindung gebracht. Neuerdings, mit dem Paradigmenwechsel innerhalb der AI- Forschung, der schon erwähnt wurde, geht man eher von einem bestimmten Verknüpfungsgrad zwischen Informationen aus, welcher die Grundlage des Bewußtseins bilden soll. Lem führt seine These, zur Entwicklung des künstlichen Bewußtseins,

---

[149] Lem, Golem, S. 103

leider nicht weiter aus, und bleibt insgesamt auf der Basis der menschlichen Vernunft, wenn er Golem die Pflichten, resultierend aus der eigenen Vernunft ausführen läßt: »Die erste Pflicht der Vernunft ist ihr Mißtrauen gegenüber sich selbst.«[150] Man vermeint ihn zu hören, den kartesianischen Zweifel. Das 'Ich', auf das Lem oben anspielt, ist die Krücke von Descartes, die für dessen strikte Trennung in Körpermaschine und Geist notwendig wurde, um die Verbindung, zwischen diesen beiden Entitäten, herzustellen. Descartes vermutete die Verbindung in der Zirbeldrüse. Dies hat sich, nach dem heutigen Stand der kognitiven Wissenschaften, längst als ein Trugschluß herausgestellt. Dafür gilt die Zirbeldrüse heute als Steuerzentrum der Sexualhormone, die auch die Belange der schlagartigen Verliebtheiten hormonell steuert soll.

Die weitergeführte Definition von Bewußtsein fordert tatsächlich nicht das Vorhandensein eines humanen Substrates, vielmehr scheint Bewußtsein eher ein Informationsverarbeitungsproblem zu sein, was ein extrahumanes Bewußtsein prinzipiell ermöglichen würde. Diese Feststellung fußt aus den bereits behandelten Forschungsergebnissen der AI, (siehe dazu „Was ist AI") das Sprachprogramm Eliza, der Schachcomputer Deep Blue, und auch das Gehirn (soweit heute bekannt) operieren mit einer Vielzahl an Informationsverarbeitungen, aus denen das letztere wahrscheinlich, aufgrund der Informationsdichte, zu Bewußtheit kommt. Weder eine zuständige Ich-Zentraleinheit, im Sinne einer hierarchischen Struktur ist im Hirn gefunden worden, die dem Rest vom Gehirn ständig, „Ich" zuraunt, noch ließ sich ein oder mehrere derartige

---

[150] Lem, Golem, S. 109

Hormone extrahieren. Am wahrscheinlichsten ist zur Zeit, die Vielzahl der Neuronen, die sich untereinander austauschen, würden, organisiert über Selbstregelungsprozesse, zu einer Bewußtheit führen. Mit dem Bewußtsein geht in weiterer Folge auch die Möglichkeit der Täuschung einher.[151]

Auf der anderen Seite kann auf diese Weise nur rudimentär die Entwicklung von menschlichen Gefühlen erklärt werden. Das Gefühl der Liebe wird sehr häufig mittels hormoneller Veränderungen des Körpers erklärt, sodaß die Arterhaltung gesichert wird. Das erklärt jedoch die freiwillige Freundschaft und langjährige Partnerschaft nicht, die es trotz allen gegenteiligen Medienberichten noch gibt. Noch problematischer ist für die obige Begründung, das erratische Auftreten sog. Geniestreiche, welche die Menschheit keinerlei Vorteile in ihrem Überlebenskampf bieten; mit Ausnahme jener mythisch besetzten Errungenschaften, wie die Entdeckung des Feuers durch Prometheus. Die Künste seien exemplarisch dafür genannt, aber auch abstrakte Wissenschaften wie Mathematik. Begründungen derartiger menschlicher Leistungen, die auf evolutionäre Vorteile rekurrieren, sind meist bei den Haaren herbeigezogen.

---

[151] Tatsächlich vermutet Dawkins die Entwicklung des Bewußtseins in dem sich öffnenden Feld der Täuschungen und Lügen zu finden, die einen klaren evolutionären Vorteil gegenüber der prinzipiellen Aufrichtigkeit hat. Als Gegenstrategie dazu hätte sich die Methode der Lügenüberführung entwickelt, somit hätten sich Lügen und deren Überführung in einem evolutionären Prozeß zum heutigen Bewußtsein und Vernunft aufgeschaukelt.
Auch Turing bezog sich bei der Entwicklung des „Turing-Tests" konkret auf das Phänomen der Täuschung als jenes Merkmal, an dem sich der erlangte Bewußtheitsstatus manifestiert.

An obiger Stelle fand sich die Feststellung, Bewußtsein hätte mit Informationsverarbeitung zu tun. Dies verlangt nachgerade eine Definition des Begriffes Information, da diesem, aufgrund seines Chics, den er sich zur Zeit erfreut, sehr viele verschiedene divergierende Bedeutungen[152] zugeschrieben werden, die eine Einschränkung benötigen. Der Begriff Information entstammt dem Lateinischen – [informatio = Bildung, Belehrung][153] und beschäftigt sich mit Verknüpfungen zwischen realen und fiktionalen Dingheiten bzw. Wissenseinheiten. Dabei werden die Beziehungen diesen Singularitäten untersucht und aufgedeckt, d.h. die Verknüpfungslinien dieser Einheiten sind die eigentlichen Informationen. Diese Verknüpfungen ergeben gleichzeitig ein Netzwerk der Information, das Wissen bedeutet. Rekapituliert man das ganze, heißt das Information beschäftigt sich nicht mit den Wesenheiten an sich, sondern mit den Verbindungen, welche diese Entitäten (die Moleküle, genauso wie Wörter sein können) miteinander eingehen. Ein Satz bildet sich erst in der sinnvollen Verknüpfung von Wörtern, (und ein Wort entsteht mit der sinnvollen Verbindung von einer endlichen Anzahl von Buchstaben bzw. Silben – je nach Sprache verschieden) und dieser Satz bzw. Wort ist Träger der Information. Willkürliche Buchstaben auf einem Haufen bilden weder ein sinnvolles Wort noch einen ebensolchen Satz, d.h. sie sind nicht Träger einer Information. Gleiches gilt für die Materie: ein bestimmtes Element bzw. chemische Verbindung (Silber, Bronze, Keramik, Teflon) setzt sich aus einer bestimmten Verbindung von Molekülen bzw. Atomen zusam-

---

[152] Eine umfangreiche und gut gebaute Linksammlung zu diesem Themenfeld unter: http://beat.doebe.li/bibliothek/w00021.html
[153] nach Duden, 1983 Mannheim

men, die sich genau definiert zusammensetzen. Diese Verbindung ist gleichzeitig Information, (sie läßt sich in einer anderen, chemischen Formelsprache niederschreiben Si, Cu_2Ni_3, etc.). Aus dieser Definition scheinen die Einzelobjekte ausgeklammert zu sein. Ein Tisch an sich ist auch eine Information: seine Tischheit, wobei sich das Spezifikum Tischsein, aus einer Wechselwirkung des Möbels und eines darauf liegenden Gegenstandes sich ergibt. Jedoch gilt es hier zu bedenken, der Tisch ist selbst ein Konglomerat aus verschiedenen Einzelbausteinen, (Tischplatte, -beine etc. die ihrerseits wieder aus verschiedenen Elementen bestehen). Das heißt es läßt sich alles bis in die subatomaren Bestandteile zerlegen (soweit der Kenntnisstand derzeit). Tatsächlich ausgeschlossen sind Einzelzeichen eines Codes, wie jener der Arithmetik, die erst verknüpft werden müssen. Das Zeichen „5" an sich ist kein Informationsträger, ebenso wie die Einzelbuchstaben „L". Analog dazu wären die letzten, noch nicht gefundenen Bausteine der Materie auch keine Informationen an sich. Erst die verschiedenen Bindungen, welche die wahrscheinlich wenigen Einzelmaterieteile miteinander eingehen, bringen die Vielzahl der Dingwelt. Die unglaubliche Vielzahl der Materie ergibt sich aus den verschiedensten Verbindungskombinationen und den unterschiedlichsten Wechselwirkungen der Materiebausteine. Dies gilt für alle Realien der physischen Dingwelt. Die geistigen Abstrakta können ebenso aufgegliedert werden. Begriffe bestehen notwendigerweise aus Einzelbausteinen (Buchstaben, Silben → sprachwissenschaftlich Meme genannt [kleinste sprachlich- begriffliche Einheiten]) die sich wiederum mit bereits bestehenden Konnotationen wechselwirkend vervollständigen. Die Information 35+50=85 ergibt sich erst mit der Verknüpfung der 8 beteiligten Einzelelemente aus dem festgesetzten Code der Arithmetik. Genau bei diesen Verknüpfungen und Wechselwirkungen handelt es sich um Informationen. Wissen bedeutet in diesem Kontext, Kenntnis von diesen Verknüpfungen oder Informationen zu besitzen. Dies könnte die Frage beantworten, wie die Gegenstände und Abstrakta beschaffen sind, woraus sie bestehen und was sie bedeuten.

Für den Menschen ist die Zuschreibung von Bewußtsein im Normalfall[154] völlig unproblematisch. Wenn ein Mensch mit einem anderen spricht, setzen beide Bewußtsein beim jeweils anderen voraus, weil sie um ihr eigenes Bewußtsein wissen; der Schluß auf die Präsenz des Bewußtseins vom Gegenüber erfolgt über das Gleichheitsprinzip, ich habe Bewußtsein- ich bin ein Mensch, mein Gegenüber ist ein Mensch, also hat er auch Bewußtsein (Dies könnte als der erste mögliche Bewußtheitsschluß gelten). Was aber, wenn das Gegenüber kein Mensch, sondern ein Computer ist, der von sich behauptet, über Bewußtsein zu verfügen. Diesem wird nicht automatisch die Fähigkeit zugesprochen, im Gegenteil, Mißtrauen stellt sich ein. Die Maschine könnte doch Bewußtsein vortäuschen, das sie gar nicht besitzt. In diesem Fall stehen wir vor einem neuen Problem, es müßten Methoden gefunden werden, Bewußtsein operational festzustellen (wie Turingtest) und dann

---

[154] Bei bemerkbarer geistiger Beeinträchtigung ist diese Zuschreibung nicht mehr so selbstverständlich, wie sich aus den Wegsperrtendenzen von geistigabnormen Personen schließen läßt. Es ist sehr gut möglich, daß die Diskrepanz zwischen substantiell human und zugeschriebener Beeinträchtigung des Bewußtseins zu jenem Phänomen führt, das landläufig als mit Monstrosität und gleichzeitigem Versteckreflex gleichgesetzt wird.

Modi, für die Interaktion zwischen diesen verschiedenen Vernunftformen, gefunden werden.

Die Computerforschung beschäftigt sich zur Zeit mit der Entwicklung von intelligenten Systemen, welche die Kommunikation zwischen Mensch und Maschine erleichtern soll. Dazu gehört auch ein gewisser Grad an autonomen Handeln und Entscheiden. Im Bereich der Küchengeräte entwickelten Ingenieure vor kurzer Zeit Kühlschränke, die automatisch das Ablaufdatum von Lebensmittel überprüfen und schon verbrauchte Produkte automatisch im Internet nachbestellen. Die Vision reicht bis zum vollständig vernetzten Haushalt, der selbsttätig das Raumklima regelt, die Blumen gießt und eventuell die Post beantwortet. Sprachwissenschaftler arbeiten fieberhaft an einer funktionierenden Spracherkennungssoftware, welche die verbale Interaktion, zwischen Mensch und Computer, erleichtern soll. Der Computer wird zusehends Ersatz für menschliche Arbeits- und Sozialkraft, da er im Rufe steht, kompetenter und zuverlässiger die ihm aufgetragene Tätigkeit zu verrichten. Ob sich aber eine, sich selbst bewußt gewordene Maschine die Versklavung (dieser Begriff ist im Zusammenhang mit angenommenem Bewußtsein des Computers und dessen Arbeitseinsatzes berechtigt) wird gefallen lassen, oder ob diese in der Art des Filmes „Matrix" aufbegehren wird, diskutiert man zur Zeit nicht. Vom humanen Standpunkt aus betrachtet, scheint es sehr wahrscheinlich zu sein, daß sich eine größere Anzahl, sich selbstbewußt gewordener Maschinen, diesen Status[155] nicht akzeptieren, sondern sich gegen ihre Unterdrücker auflehnen werden.

---

[155] Die soziologische Studie von Marie Jahoda zusammen mit Lazersfeld und Hans Zeisel „Die Arbeitslosen von Marienthal" 1933 hat ergeben, Aufstände und Revolutionen sind nicht aus der Unterklasse zu erwarten, sondern von einer situierten und gebildeten Mittelklasse, die am Status der Oberklasse partizipieren wollen. Die Attentäter des 11. September stammen ebenso aus einer gehobenen Mittelschicht und waren selbst akademisch gebildet; weitere Hinweise die Studentenrevolution von 1848.

Internet und Überwachungsängste
Der Film „Matrix" ist nicht die erste literarische Gattung, die Überwachungsangst thematisiert. Als einer der bekanntesten Werke dieser Thematik gilt der Roman des englischen Schriftstellers George Orwell „1984"; dieser hat den Roman 1948, unter der traumatisierten Erfahrung des Zweiten Weltkrieges, geschrieben. Darin schildert er eine totalitäre Welt, in der jeder einzelne Bürger mittels eines „Televisors" – eine Art Fernseher mit Rückkanal, also eingebauter Kamera – überwacht wird. Die Bewohner werden künstlich in Armut gehalten, um deren Produktivität durch Müßiggang im Reichtum, nicht zu mindern. Simon Davis, Direktor der „Privacy International" und Direktor des Big Brother Awards - eine Organisation, die alljährlich die gröbsten Verstöße gegen das Datenschutzrecht durch Firmen und Institutionen prämiert, schildert in seinem Artikel:[156] »die gerade in der Entwicklung befindliche neue Generation des interaktiven Fernsehens (iTV)[157] wird zu einer engen Beziehung zwischen Kunden und Kabelanbietern führen. Durch Zugriff auf Informationen über Sehgewohnheiten, finanzielle Transaktionen und das Verhalten bei Zuschauerbefragungen kann das Unternehmen ein komplexes Profil erstellen.«[158] Der Vergleich dieses neuartigen Geräts mit dem „Televisor" der Orwellschen Dimension ist zwar übertrieben, aber es handelt sich hier um ein existierendes Gerät, das Daten von seinen Benützern an die Betreiberorganisation rück-

---

[156] Simon Davies, Der globale Lauschangriff; in: Unesco Kurier, Nr. 3/4 2001, 42. Jahrgang, Freemedia, Bern, S.16
[157] Das Konsortium interaktives Fernsehen hat im Frühsommer 2002 den Konkurs angemeldet, da sich nicht genügend Abonnementen für den teuren Betrieb fanden.
[158] Davis, Simon; Der globale Lauschangriff; in: Unesco 3-4/ 2001, S.15

meldet, und dieses wird, auf seine Betriebstauglichkeit hin, noch getestet[159]. Nicht außer Acht soll dabei gelassen werden, daß die Möglichkeiten zur humanen Überwachung immer enger gestrickt werden; einige allgemein bekannte Beispiele: 84% (sic!) der österreichischen Bevölkerung benutzt ein Mobiltelephon zur Kommunikation, aus technischen Gründen erlaubt die Funksendestation dem Netzbetreiber eine geographische Ortung jedes einzelnen Benutzers bis auf einige hundert Meter genau; neuerdings soll der Ortungsraster noch verfeinert werden. Den Endkunden wird dieses Vorgehen mit der Werbebotschaft »Freunde so schneller finden zu können«[160] schmackhaft gemacht. Die neue österreichische Gesetzesnovelle zur Terrorismusbekämpfung (bekannt geworden unter dem Namen Lauschangriff) legte allen Mobilnetzbetreibern die Verpflichtung auf, den polizeilichen Behörden einen eigenen Raum in ihren Firmengebäuden zur Verfügung zu stellen, in der Mobilgespräche von Verdächtigen abgehört und mitgeschnitten werden können. Der bargeldlose Zahlungsverkehr, mittels Kredit- oder Bancomatkarte führt Buch, wann, was, wo gekauft und wieviel dafür bezahlt wurde. Mit anderen Worten, es dokumentiert das vollständige Konsumverhalten des Kartenbesitzers. Prekär werden Überwachungssysteme in der Berufswelt, mittels spezieller Computerprogramme ist es heu-

---

[159] Das Konsortium um den interaktiven TV Sender ist einziger ernstzunehmender Konkurrent zu dem TV- Sender des australischen Medien Tycoon Murdoch und steht nun knapp vor der Pleite. Der Sender hatte sich mit den Übertragungsrechten des Profifußballes, ähnlich wie der Pay- TV Premiere des deutschen Leo Kirchs übernommen, als Interessent für eine Übernahme hat sich Murdoch bereits angemeldet. Meldung der Zeitung, Die Welt, 27.05.2002
[160] laut einer Werbekampagne des Mobilfunkbetreibers Maxmobil

te ein leichtes Unterfangen, das Arbeitsverhalten der Mitarbeiter zu überwachen, da ein Großteil der heutigen Arbeiten am oder mittels eines Computers verrichtet werden. Softwareprogramme wie „Black orifice" erlauben es, jeden Tastendruck einer zu überwachenden Zielperson zu protokollieren, egal ob es einen normalen Text oder geschützte Eingaben wie Paßwörter etc betrifft. So kann die Arbeitsmoral der Angestellten jederzeit simpel und effizient überprüft und bei Gelegenheit beanstandet werden; gleichzeitig läßt sich deren Surfverhalten im Internet nachvollziehen. »Nie zuvor in der Geschichte wurden so viele Daten über die Bevölkerung erhoben. In über 400 Datenbanken sind hinreichend Details über die Erwerbstätigen der Industrieländer gespeichert, um über jeden von uns ein kleines Dossier zu erstellen.«[161] Die steigende Effizienz der Systeme, bei gleichzeitig sinkenden Kosten derselben, tut ihr übriges. Die wichtigste Frage, die sich in dem Zusammenhang stellt: „was passiert denn eigentlich mit all den gesammelten Daten?" ist weitaus beunruhigender als allgemein angenommen. Dazu Simon Davis: »Die Globalisierung durch das Internet hebt geographische Schranken und rechtliche Schutzmöglichkeiten auf, die zuvor dem Datenaustausch im Wege standen.«[162] In Österreich wurde, im Zuge des Sicherheitsarguments, eine verschärfte Kompetenz bei Überwachung eingefordert; die Gesetzesnovelle lief unter dem Stichwort „Rasterfahndung". Auf der anderen Seite deckte die Staatsanwaltschaft Ungereimtheiten bei der Weitergabe sensibler Daten, aus dem Polizeiarchiv (EKIS), auf. Verständlicher-

---

[161] Davis, Simon; Zwischen persönlicher Autonomie und sozialer Sicherheit; in: Unesco 3-4/ 2001, S.16
[162] Davis, Simon; S.16

weise führte dies zu einer breiten Irritation in der Bevölkerung, die leider viel zu kurz andauerte, um entscheidende Gesetze zu ändern oder wenigsten um eine breiter angelegte Diskussion darüber in Gang zu halten. Verbunden ist die Sorge der Datensicherheit mit der Befürchtung, daß personengebundene Daten zunehmend an einer zentralen Stelle gesammelt werden könnten und sich so ein umfangreiches Informationsbild einer Person erstellen ließen. Die Zugangssicherheit hat sich in letzter Zeit als sehr dürftig erwiesen, gleichzeitig zeigte sich, wie viele Gruppen Interesse an derartigen Daten haben, seien es Wirtschaftsunternehmen, die Werbemassenaussendungen gezielter an ihre potentiellen Kunden bringen wollen, oder auch politische Gruppen, welche die Wirksamkeit und Akzeptanz bestimmter politischer Maßnahmen vorab testen wollen, um die halb- und illegalen Möglichkeiten von Datenmißbrauch nicht zu erwähnen. Gleichzeitig lassen sich, durch die Technik der Konzentration personenbezogener Daten, eventuelle Ungereimtheiten dieser Person leichter aufdecken, ob Steuerhinterziehungen, verwaltungs- oder strafrechtliche Vergehen, sowie eventuelle gesundheitliche Probleme wären mit einem Schlag einem interessierten Kreis zugänglich. Lebensversicherungen sind an einer derartigen Datenkonzentration durchaus interessiert, könnten sie dadurch ihre Prämien exakter berechnen, und bei gegebener „risikoreicher" Freizeitbeschäftigung, so etwa die Prämie für die Kranken- bzw. Lebensversicherung, erhöhen. Dazu kommt das bekannte Problem der schleppenden Datenlöschung; gesammelte Daten werden nur zögernd wieder gelöscht, da sie 'vielleicht noch einmal Sinn machen könnten'[163]. Dabei kann es durchaus passieren, daß sich falsche oder irreführende Daten in derartige elektronische Personalakten einschleichen und nach einiger Zeit als faktisch wahr angenommen werden könnten, da sich hernach niemand mehr die Mühe machen wird, die Daten auf ihren Wahrheitsgehalt zu verifizieren. Derartige Handhabungen mit persönlichen Daten können zu völlig abenteuerlichen Lebensläufen führen.

Das Interesse an spezifischen Daten konzentriert sich nicht nur auf einzelne Arbeitnehmer, auch im größeren Stil, auf der Firmenebene bzw. auf nationalen Ebenen werden Daten gesammelt. Der schottische Journalist Duncan Campell deckte Mitte der 70er Jahre eine weltumspannende Abhöranlage auf, an der das amerikanische National Security Agency (NSA) direkt beteiligt war.

> Diese glatten, weißen Kuppeln sind die weit herum sichtbaren Zeichen für geheime Netze, mit deren Hilfe die Erde beobachtet wird. In jeder von ihr sammeln und überprüfen Experten mittels Satellitenschüsseln lautlos Millionen von Faxen, E-Mails, Telephongesprächen und Computerdaten aus Politik und Wirtschaft [...] Wer wird also abgehört und warum? Nach offizieller Lesart der beteiligten Regierungen richtet sich die Überwachung nur gegen gemeinsam definierte Gefahren wie zunehmenden Waffen-

---

[163] Als Erklärung dieses Vorgehens greift man in die prähistorische Zeit der Menschheit zurück; damals hatte die Vorgehensweise, nichts aus seinem Besitz wegzugeben durchaus Sinn, da stets mit einer Phase der Hungersnot zu rechnen war. In der Zeit der elektronischen Datenverarbeitung ist diese Urstrategie aufgrund der enormen Datenvielfalt die täglich auf das Individuum einbricht nicht mehr sinnvoll.

handel, Terrorismus, Drogenhandel und organisiertes Verbrechen. Aber das ist nur die Spitze des Eisbergs. Hauptziel ist es, die diplomatischen Nachrichten und Militärpläne anderer Staaten auszuspionieren und gleichzeitig Handelsdaten zu erhalten. 1992 setzten die Vereinigten Staaten ihre Prioritäten für den nationalen Nachrichtendienst neu fest. Demnach wäre nach Aussage des damaligen CIA- Chefs Robert Gates 40% der gesammelten Informationen wirtschaftliche oder wirtschaftsrelevante Daten.[164]

Jedes Land hat ein natürliches Interesse, an „wirtschaftsrelevanten" Daten anderer Länder zu gelangen; Innovationen und Erfindungen sind üblicherweise nur mit einem hohen Forschungseinsatz (Kapital und Zeit) zu erreichen, Spionage arbeitet billiger und schneller; aber auch im internationalen Preiskampf steht Information für entscheidende Vorteile bei der Preisgestaltung. So kann, im transnationalen Wettbewerb um Großaufträge, ein Konkurrent ausgestochen werden, wenn man seine Preisspanne im voraus kennt. Durch diese Art der Überwachung, die im eigentlichen Sinne Spionage ist, wird der Einzelne nicht betroffen. Aber die Möglichkeit, und darauf kommt es in letzter Konsequenz an, besteht. Wie weit die Technologie auf dem Überwachungssektor zur Zeit fortgeschritten ist, deutet die amerikanische Firma Applied Digital Solutions an. Vor kurzer Zeit entwickelte sie einen, unter die Haut implantierbaren, Mirkochip von der Größe einer kleinen Münze. Dieser Chip empfängt, über das Satellitensystem GPS,

---

[164] Campell, Dunca, Eine neue Welle elektronischer Überwachung; in: Unesco 3-4/ 2001, S.30

die Positionskoordinaten seines Trägers und funkt diese zusammen mit, über Biosensoren gewonnenen Informationen wichtiger Körperfunktionen, wie Kreislauf, Herztätigkeit, Blutdruck etc. an terrestrische Funkstationen. So lassen sich, über eine Servicestelle der Firma via Internet, Standort und körperlicher Zustand der betreffenden Person direkt überwachen[165]. Nach einer Meldung der Tageszeitung „Der Standard" hat dieser Chip das Kontrollsystem der us-amerikanischen Gesundheitsbehörde passiert und grünes Licht, für den Praxiseinsatz, bekommen[166], geprüft wird zur Zeit eine Anwendung dieser Technik bei Freigängern aus dem Gefängnis.

---

[165] Informationen zu diesem Chip unter, URL: http://www.geo.de/themen/wissen_kompakt/schutzengel/ oder direkt bei der Firma Applied Digital Systems unter URL: http://www.digitalangel.net/
[166] Der Standard, 09.04.2002

Wissenschaftlicher Optimismus vs. Spirituelle Rückbesinnung

Dieses Kapitel widmet sich der Frage nach den unterschiedlichen Menschenbildern verschiedener wissenschaftlicher Disziplinen. Unmittelbar mit dem Menschenbild ist der Einsatz, der von den Filmen vorgestellten Anthropotechniken verknüpft. Die Selbstreflexion des Menschen widerstrahlt dessen Haltung seiner eigenen zukünftigen Entwicklung und die der Umwelt. Dieses Bild hat sich im Laufe der Wissenschaftsgeschichte wiederholt geändert, wurde revidiert und laufend thematisiert; kurz - es regte zu ständigen Diskursen an. Vor allem gibt es deutliche Unterschiede innerhalb der einzelnen wissenschaftlichen Disziplinen. Deutlich tritt die Kluft zwischen den geistes- und naturwissenschaftlichen Disziplinen auf. Zwischen beiden tobt seit geraumer Zeit ein Grabenkampf, der sich hauptsächlich mit den veränderten Weltanschauungen beschäftigt. Exemplarisch für die naturwissenschaftliche Haltung - die Richtung der Neodarwinisten, welche im Gefolge des englischen Biologen Richard Dawkins steht, und die eine Extremposition in dieser Debatte einnimmt. Die Humanitas wird von ihnen als vollständig von seinem biologischen Erbe determiniert betrachtet. Die Rolle des Gegenparts zu diesen materialistischen Thesen, kommt von den Vertretern der theologischen Richtung, die auf die Unabhängigkeit des Menschen, kraft seines supernaturalen Geistes pocht. Beide Positionen stecken gleichsam die äußersten Grenzen in der Diskussion, um die Determiniertheit des Menschen, ab. Dazwischen breitet sich ein diskursives Feld aus, in dem Mischformen beider Richtungen vertreten und diskutiert werden.

Die Richtungsentscheidung in diesem Konflikt hat für eine Gesellschaft größere Bedeutung, als sie es zur Zeit wahrhaben will. Noch wird um die Verteilung der Forschungsgelder auf das Heftigste gestritten, die Geisteswissenschaften sehen sich zusehends in die Defensive gedrängt (man bezeichnet Teile der geisteswissenschaftlichen Fakultäten bereits als Orchideenfächer, die zwar von ästhetischen Charakter, aber im Grunde nutzlos für die gesellschaftliche Entwicklung sind), aber eine zu einseitige Behandlung der anstehenden Fragen nur von naturwissenschaftlicher Seite hätte verheerende Folgen. Die Frage nach der Machbarkeit steht zu sehr im Vordergrund und mithin der Ehrgeiz der Forschung: zentral ist die Umsetzungsmöglichkeit einer Vision, nur sekundär werden weitere Folgen dieser Vision in Betracht gezogen, wenn überhaupt. Den Geisteswissenschaften kam in der Vergangenheit immer die Rolle der Supervision zu, die Abwägung, zwischen den ethischen und den nützlichen Faktoren von den neuen Technologien. Die Naturwissenschaften selbst, gingen immer häufiger wirtschaftliche Bindungen mit gewerblichen Institutionen ein, für welches sie Forschung betrieben haben. Dabei ist diese Kooperation kein Novum der neueren Zeitgeschichte, die Wissenschaftsgeschichte zeigt viele Beispiele wissenschaftlichen Forschens im Dienste der Politik und Wirtschaft. Leonardo da Vincis Kriegsmaschinen seien in diesem Zusammenhang genannt. Dabei kommt es notgedrungen zu gegenseitigen Abhängigkeiten, die sich aus der Kooperation ergeben. Aber auch die neutrale Stellung der Geisteswissenschaften, im Sinne von nicht selbst an den naturwissenschaftlichen Forschungen beteiligt, droht durch die Verquickung der Forschungsinstitutionen mit wirtschaftlichen Einrichtungen verloren zu gehen. Damit würden nur mehr die Gesetze der Effizienz und der Marktwirtschaft regieren. Denn auch die Geisteswissenschaften sehen sich zusehends gezwungen, nach potentiellen Geldgebern Ausschau zu halten und sich Sponsoren aus dem wirtschaftlichen Bereich zu akquirieren. Unterstützt wird diese Tendenz von dem permanenten Ruf der Regierungen nach mehr privater Autonomie der Universitäten, wobei unter dieser Autonomie durchaus auch die private Geldbeschaffung der Unis verstanden wird.[167] Die Privatinvestoren haben natürlich kein Interesse daran, ihre neuen Technologien in Zweifel gezogen zu sehen, so werden die Forscher zu Bedacht angehalten und anderslautende Ergebnisse gegebenenfalls zurückgehalten. Das hätte eine fatale einseitige Ausbeutung der verfügbaren menschlichen, maschinellen und natürlichen Ressourcen zur Folge.

---

[167] dazu die aktuelle Debatte der Hochschulreform in Österreich, die im Rahmen des Inkrafttretens des Universitätsgesetzes 2002, zustande kam.

Das naturwissenschaftliche Paradigma

Die neodarwinistische Welterklärung

Grundlage für die neodarwinistische Welterklärung bildet Darwins „Entstehung der Arten" von 1859, das ein neues Paradigma, für die Entstehung der Artenvielfalt der lebenden Tier- und Pflanzenwelt, vorstellte. Grundprinzip war die schrittweise erfolgte Evolution der Lebewesen, bedingt durch eine, von der Natur als feindliche Umwelt vorausgesetzte, Selektion; alle Verbesserungen der Folgegeneration einer Tierart, die im Hinblick auf ihre Elterngeneration einen Überlebensvorteil besitzen, tradieren sich innerhalb der Art weiter. Alle Veränderungen, die einen Nachteil in sich bergen, sterben, ohne Nachkommenschaft zu hinterlassen, vorzeitig aus. Die Veränderungen entstehen zufällig durch Mutationen (Veränderungen) der genetischen Bauinformationen eines Lebewesens. Der Lebensumwelt kommt die Rolle der selektiv Auslesenden zu, die passiv entscheidet, welche Veränderungen Verbesserungen darstellen und welche nicht. Die verschiedenen Arten spalteten sich, in der Geschichte der Evolution, voneinander ab, was zu Folge hatte, daß alle Lebewesen, ob Mensch, Tier oder Pflanze mehr oder weniger miteinander verwandt sind, da sie in der Entstehungsgeschichte irgendwann einmal die selben Vorfahren hatten.

Der Skandal der darwinschen These war, daß sie die Entstehung des Menschen ebenfalls in dieses System integriert hatte, und mithin die enge Verwandtschaft zwischen Menschen und Affen offenlegte. Natürlicherweise steht eine derartige Auffassung diametral zur biblischen Schöpfungsgeschichte, weswegen sich die Theologen besonders herausgefordert fühlten, Darwin zu widerlegen. Doch es sollte noch schlimmer kommen. »Die natürliche Auslese ist der blinde Uhrmacher; blind, weil sie nicht voraussieht, weil sie keine Konsequenzen plant, keinen Zweck im Sinn hat.«[168] Dawkin ist Professor der Biologie an der Universität von Oxford und überzeugter Neodarwinist. Diese Richtung versucht die Entstehung der Arten, ohne Einwirkung einer Kraft, zu erklären, deren Ursprung nicht mit naturwissenschaftlichen Gesetzen zu erklären sind. Im Klartext heißt das: der Schöpfer wird aus der Schöpfung verbannt, diese bedarf seiner, zu ihrer Entstehung, nicht länger. Das Theoriegebäude überspannt die Entstehung der Arten vom ersten Funken des Lebens auf dem Planeten Erde, bis hin zu komplexeren Lebewesen heutiger Tage, zu denen auch der Mensch gehört. Nicht die planende und ordnende Kraft einer allwissenden Wesenheit ist dafür notwendig, sondern die mehr oder weniger zufälligen[169] Mutationen und die selektierende Umwelt, als eine für Lebewesen feindlich gedachte. Sein Hauptargument ist, in der unverhältnismäßig langen Zeit der Erdgeschichte werden statistisch auch wenig wahrscheinliche Entwicklungen möglich, sofern sie Schritt für Schritt ablaufen: so kann, aus einem einfachen Hautlappen, kumulativ ein komplexes Auge werden, mit welchem wir Menschen unsere Umwelt als solche erkennen, da jede positive Veränderung sich als ein, wenn auch geringfügig kleiner Vorteil gegenüber dem vorherigen Stand erweist und dadurch die Überlebenschance erhöht wird. Seine zweite These, welche die Unge-

---

[168] Dawkins, der blinde Uhrmacher, S.33
[169] Dawkins schränkt den Begriff Zufall in der Evolution ein, dazu S.358

reimtheiten[170] natürlicher Baupläne als Stützelement für die Hauptthese ansieht, bildet sich durch die Ableitung aus der Hauptthese, der schrittweisen Entwicklung der Arten. Statistisch gesehen ist die Umkehrung eines bereits beschrittenen evolutionären Zweiges äußerst unwahrscheinlich. »Dollos Gesetz besagt, die Evolution ist irreversibel. [...] Dollos Gesetz ist in Wirklichkeit lediglich eine Aussage über die statistische Unwahrscheinlichkeit, daß die Evolution zweimal genau dieselbe Bahn in entgegengesetzter Richtung folgt.«[171] Aus diesem Grund kann es passieren, daß ein Entwicklungsschritt unvollkommener ist als der vorhergehende, weil dieser, in der gegebenen Zeit und nur in jener, einen Vorteil geboten hatte. Die evolutionäre Mutation denkt notwendigerweise nicht voraus, da ihr der zugrundeliegende Plan fehlt, und genau darin liegt die Pointe der neodarwinistischen Erklärung der Welt. Das Auge der Wirbeltiere, so auch der Mensch, ist Produkt einer derartigen Fehlproduktion.

> Jeder Ingenieur würde selbstverständlich annehmen, daß die Photozellen auf das Licht hin ausgerichtet sind und daß ihre Drähte nach hinten zum Gehirn führen. Er würde lachen, wollten wir ihm vorschlagen, die Photozellen vom Licht abzuwenden und ihre Drähte an der dem Licht am nächsten gelegenen Seite anzuschließen. Doch genau dies ist bei allen Wirbeltier- Retinas der Fall. Jede Photozelle ist tatsächlich nach vorn verdrahtet, und der Draht führt auf der dem Licht am nächsten gelegenen Seite heraus. Der Draht muß über die Oberfläche der Retina bis zu

---

[170] dazu gehören neben den blinden Fleck im Auge des Menschen, das Rad des Pfaues, das ihn bei möglicher Flucht behindert.
[171] Dawkins, der blinde Uhrmacher, S.115

einem Punkt laufen, wo er durch ein Loch in der Retina (dem sogenannten blinden Punkt) hindurchführt, um sich mit dem Sehnerv zu verbinden. Dies bedeutet, daß das Licht, statt ungehindert zu den Photozellen durchzudringen, einen Wald von Verbindungsdrähten durchlaufen muß, wobei es vermutlich zumindest eine gewisse Abschwächung und Verzerrung erfährt.[172]

Die konsequent-logische Folgerung aus der These der selektiven Auslese birgt nun einigen Sprengstoff. Erstens, die Natur und damit der Mensch sind nicht per se perfekt gestaltet, sondern die Evolution selbst erschafft den unvollkommenen Körper. Das verstößt nun gegen alle theologischen Übereinkünften; bisher nahm man an, die Entwicklung des Lebens hätte ihre Vollkommenheit im Menschen erreicht. Das christliche Weltbild betrachtet den menschlichen Körper als Tempel[173] Gottes - geschaffen nach seinem Ebenbild[174] und damit definitionsgemäß in sich perfekt; argumentativ: Gott gilt als das vollkommenste Wesen, dann muß in weiterer Folge das von ihm geschaffene Ebenbild ebenfalls makellos sein. Als einzige Unvollkommenheit des Menschen wird die Krankheit gesehen, die als physische Emanationen der geistigen oder spirituellen Degeneriertheit hingestellt wird. AIDS wurde von einigen christlichen Eiferern als die konsequente Strafe für homosexuelle (d.h. sittenwidrige) Sexualpraktiken gesehen, und nicht als das, was die Krankheit ist: ein Versagen des

---

[172] Dawkins, der blinde Uhrmacher, S.114
[173] Paulus, 1. Brief Korinther 6.15: „Wißt ihr nicht, daß euer Leiber Glieder Gottes sind? Darf ich nun die Glieder Christi nehmen und zu einer Dirne bringen? Auf keinen Fall!"
[174] Genesis; 1,26

menschlichen Körpers vor der Immunerkrankung mit dem HIV- Virus, welcher, auf perfide Art, das menschliche Immunsystem außer Kraft setzt. Mit der Entdeckung der inhärenten Unvollkommenheit des Menschen selbst eröffnet sich die Möglichkeit des Eingriffes, durch die Vernunft, in die weitere evolutionäre Entwicklung des Menschen; das Tor der Forderung nach der „Autoevolution" steht sperrangelweit offen. Dies kann wie folgt abgeleitet werden:

Die Evolution schreitet (nach Dawkins) im Sinne eines „blinden Uhrmachers"[175] voran; sie ist sich der Verbesserung nicht im klaren. Fortschritte werden nicht geplant, sondern im Zufallsverfahren erreicht. Alle Veränderungen, die auf lange Sicht einen leichten statistischen Vorteil besitzen, werden sich durchsetzen. An dieser Stelle drängen sich einige Fragen an die reinbiologische Sichtweise der Genese auf. Einerseits setzen sich Veränderungen kumulativ, also schrittweise fort, andererseits gilt die Regel, was langfristig einen Vorteil besitzt, wird sich am Ende durchsetzen. Woher soll die spontane Mutation denn wissen, was langfristig ein Vorteil sein soll, wenn sie keinen Plan verfolgt? Dawkins spielt in seinem Buch „Das egoistische Gen" verschiedene Überlebensstrategien von hypothetischen Tierarten durch, und versucht, mittels der Wahrscheinlichkeitsmathematik, zu beweisen, daß sich stets ein stabiler Zustand herausbilden wird, der eine Strategie bevorzugt.[176] Nun ist diese Art der Evolution ein sehr langwieriger Prozeß, dessen Ausgang sich nicht vorhersagen lassen kann. Damit ist aber auch der Begriff „Forschritt" in diesem

---

[175] so auch der Titel seines Buches in der deutschen Übersetzung (engl. Orig. the Blind Watchmaker)
[176] Dawkins, das egoistische Gen, S.126ff.

Zusammenhang hinfällig, weil Fortschritt den Quotienten zwischen Ziel und bereits erreichtem Zustand bezeichnet, da ein Ziel als solches nicht auszumachen ist. (Mathematisch exakt ist Fortschritt der Kehrwert dieser Differenz.)

Eine im vorhinein geplante Evolution könnte die Entwicklung einer Art sehr beschleunigen und obendrein die Chance der Vorhersehbarkeit erhöhen. Dies ist genau das Prinzip der Zucht. Im Grunde ist Zucht nichts anderes als geplante Evolution einer oder mehrerer Tier- bzw. Pflanzenarten aus einem bestimmten Grund, sei es um Korn noch ertragreicher zu machen, oder Hunde für einen Wettlauf noch schneller: es ist die, vom Menschen geplante, Evolution. Wenn nun alle Lebewesen, auch der Mensch, von der Jahrmillionen andauernden Evolution hervorgebracht worden sind, und diese als in sich selbst fehlerhaft- und zufällig entlarvt worden ist, dann liegt der Schluß sehr nahe, auch den Menschen durch Menschenhand weiterzuentwickeln. Daher betrifft die moderne Biologie derart massiv auch die Belange der Philosophen und Theologen, da es nicht nur um biologisch- medizinische Fragen nach der Gesundheit des Menschen geht, sondern die Fragestellung dringt viel tiefer in das Selbstverständnis des Menschen ein.

Dawkins geht in seinem Standardwerk „Das egoistische Gen" – 1976 von der These aus, der natürlichen Evolution liege nichts anderes als der Überlebenswille von Seiten der Gene zugrunde. Diese hätten sich vom freien Leben in dem, als „Ursuppe" bezeichneten, Urmeer völlig frei entfalten können. Aber als die Ressourcen an organischem Baumaterial, für ihre eigene Konstruktion langsam knapp wurden, waren sie immer häufiger Attacken durch andere Gene ausgesetzt. Sie schufen sich Hüllen, als Schutz vor chemischen Angriffen anderer RNS- Bausteine. Aus diesen Hüllen haben sich in weiterer Folge die Zellwände entwickelt. Im Laufe der Zeit begannen die Gene, sich gemeinsam zu formieren und die ersten mehrzelligen Organismen zu bilden. Diese haben sich immer weiter spezialisiert und am Ende die heute bekannte Flora und Fauna inklusive den Menschen gebildet. Das heißt aber auch, die heute lebenden Geschöpfe sind im Grunde nichts anderes als biologische Überlebensmaschinen[177] der Gene, die einzig und allein den Fortbestand ihrer eigenen genetischen Botschaft sichern sollen. Von der „Krone der Schöpfung" zur Überlebensmaschine, von sich selbstorganisierten Eiweißverbindungen, welch ein Fall für die Menschheit.

Der Mensch erfährt sich als unvollkommen, auf der einen Seite in physischer, auf der anderen Seite in psychologischer Hinsicht. Literarisch wurden diese Thesen noch vor Erscheinen der Publikation Dawkins 1976 durch Stanislav Lem in seiner 1973 in Polen erschienen Erzählung „Golem XIV" verarbeitet. Die Evolution hat, nach der Ansicht des referierenden superintelligent gewordenen Rechners Golem, stets die technologisch schlechtere Alternative, auf dem Weg zu höherentwickelten Lebewesen, gewählt. »Vom Standpunkt der Hochtechnologie ist der Mensch ein miserables Werk.«[178] Lem versteht unter Technologie: »in der Technologie befaßt man sich mit vorgegebenen Aufgaben und Methoden ihrer Lösung.«[179] Die Evolution hat einen bestimmten Weg eingeschlagen, und kann nicht mehr zurück, auch wenn sich nachher herausge-

---

[177] Dawkins, das egoistische Gen, S.104f.
[178] Lem, Golem, S.43
[179] Lem, Golem, S.40

stellt hat, daß die gefundene Lösung keine optimale ist. Nachdem der Knochenbau der Wirbeltiere entwickelt wurde, konnte dieser nur mehr verfeinert, nicht aber durch eine bessere Lösung ersetzt werden. So können dem Menschen beispielsweise keine Glieder nachwachsen, einigen Reptilien hingegen schon. Wie oft hat der Mensch den Verlust seiner Zähne bedauert, die ebenfalls nicht mehr nachwachsen, im Gegensatz zu den Haifischen. Aus dieser Not hat die Menschheit mit der Entwicklung von Prothesen begonnen, welche die natürlich gegebene Unzulänglichkeit korrigieren sollte.[180] Der Vorwurf an den biologischen Körperbau, die Organstruktur der Lebewesen bewege sich nach Meinung Golems auf einem technisch primitiven Niveau, da es sich hier um künstliche Pumpen (für das Herz), künstliche Gelenke und Hebel handelt, bleibt bestehen. Der Bereich der Mikrobiologie, in dem sich nach Lem das eigentliche Wunder der Evolution verbirgt, beginnt sich erst nach und nach zu erschließen – im Bereich des Lemschen „Codes", dem Genom. Dort und nur dort findet das eigentlich Revolutionäre, die Genese statt. Für ihn erstreckt sich das Wunder Leben überhaupt nur als das notwendige Transportvehikel des Codes, in der Zeit. »Der Sinn des Boten ist die Botschaft.«[181] Der Bote ist das lebende Individuum, ob Pflanze, Tier oder Mensch das nur seine Botschaft, also sein Genom weiterzuübertragen hat; die Konsequenz daraus ist die logische Folgerung, auch der Mensch ist Sklave seines Erbgutes; die Vernunft ist nur ein Freiheitsgrad innerhalb dieser Ab-

---

[180] Das brachte der Kultur den Vorwurf ein, nur Krücke für die prekäre körperliche Konstitution des Menschen zu sein und ihn über seine eigene Hinfälligkeit hinwegzutrösten.
[181] Lem, Golem, S.51

hängigkeit und kann nicht die erwünschte Befreiung herstellen. Wenn nun der Mensch ein determiniertes Produkt seines genetischen Codes ist, und obendrein noch ein unvollkommenes Produkt darstellt, stellt sich die Frage zu den positiven Aspekten der Genmanipulation. Haben die Menschen das Recht, bekannte Fehler wie z.B. Erbkrankheiten, Sehschwächen etc. autark zu verändern, oder sind sie den Unbillen der Evolution unterworfen? Das sich hier stellende Problem ist ein sehr komplexes; der Film „Gattaca" und damit der Autor des Filmes Niccol positioniert sich ganz klar auf die Seite der Gegner, Lem hingegen auf die Seite der Befürworter, »euch aber wird nicht das geringste daran liegen, über den Code [das Genom] zu verfügen, der nichts anderes kann als sich weiter zu vervielfältigen und eine andere Generation von Boten auf die andere folgen zu lassen. Ihr werdet in eine andere Richtung zielen [...] Auch werdet ihr bald über das Eiweiß hinausgehen«[182] ein klares Bekenntnis für die Notwendigkeit der Autoevolution. Notwenigkeit meint hier jedoch nicht forciertes Forschen von Wissenschaftlern, sondern den steten, von Neugier getriebenen, Progreß der Erkenntnis, der alle Hindernisse zu überwinden trachtet. Zur Disposition steht hier nicht weniger als die natürliche Entität des Menschen, die, wenn man so will, naturgegebene Seinsform des Menschen. Welche Veränderung darf er an seiner Spezies vornehmen, wieviel Züchtungsprogramm ist erlaubt? Die Frage läßt sich naturgemäß nicht mit einfachen Grenzziehungen klären, da die Eingriffe, in die menschliche Physis, selbst graduell sind, angefangen von artifiziellen Zahnfüllungen über künstliche Gelenke, or-

---

[182] Lem, Golem, S.77

ganische oder artifizielle Organtransplantationen, zu Veränderungen der Schönheitschirurgie, teilweisen Hirnarealabschaltungen bei Epileptikern bis hin zur arbiträren Veränderung des genetischen Bauplans von Embryonen. Ist diese Seinsform per se als unvollkommen enttarnt, was liegt dann näher, als sie kraft des vorhandenen und bekannten Wissens, nach menschlichen Ermessen, zum „Besseren" zu verändern? Zentraler Punkt, in der Klärung dieser Frage, ist das Bild des Menschen von sich selbst. Es ist ein Unterschied, die Humanitas und die Natur, als ein geschaffenes Ganzes zu sehen, das eine potentielle Vollkommenheit in sich birgt, oder die Biosphäre im Laufe von Jahrmillionen, nach dem „Trial and Error" Prinzip, anzusehen. Dazu lohnt es sich, die tradierte Gegenmeinung, die theologisch/ mythischen Schöpfungsgeschichten zu rekapitulieren und diese auf ihr Menschenbild zu untersuchen.

Die Philosophischen Welterklärungen

Das spirituelle Paradigma

Auf der anderen Seite kennen wir sehr viele Schöpfungsmythen, die sich rund um die Erschaffung der Erde und des Menschen ranken. Die christliche Schöpfungsgeschichte fußt auf der jüdischen Tradition, welche die Welt in sieben Tagen erschaffen sieht. Dazu der Religionswissenschaftler Eliade:

> Dieser biblische Bericht weist eine spezifische Struktur auf: (1.) Durch das Wort „wird erschaffen"; (2.) eine Welt, die „gut" ist und (3.) das tierische und pflanzliche Leben, das „gut" ist und das von Gott gesegnet wird (Gen. 1.20.21.31; usw.) und schließlich wird das Schöpfungswerk durch die Erschaffung des Menschen gekrönt. [...]

> Die Welt ist „gut" und der Mensch eine Imago dei; er wohnt wie sein Schöpfer uns Vorbild im Paradies. Aber schon bald berichtet die Genesis, daß das Leben, obgleich es von Gott gesegnet wurde, beschwerlich ist und daß die Menschen nicht mehr im Paradies wohnen. Dies alles ist aber eine Folge einer Reihe von Verfehlungen und Sünden der Ahnen. Sie sind es, die die menschliche Verfaßtheit verändert haben. Gott kommt für diese Abweichung seines Meisterwerks keine Verantwortung zu.[183]

Ein zweiter Schöpfungstext findet sich in der Genesis ebenfalls:

> Da machte Gott der Herr den Menschen aus Erde vom Akker und blies ihm den Odem des Lebens in seine Nase. Und so ward der Mensch ein lebendiges Wesen.[184]

Nach Eliade existieren diese beiden Schöpfungsberichte parallel in der Bibel, wobei der zweite als der ältere gilt. Als Entstehungsmilieu des Textes spricht eine nomadische Wüstenkultur. Wesentlicher Unterschied der beiden Schöpfungsmythen des Menschen ist: Im zweiten, älteren Text liegt die Betonung auf die duale Wesensform des Erschaffenen; der Körper entstammt der Erde und kehrt nach dem Tode zu ihr zurück, der Lebensodem aber stammt von Gott, das heißt der Mensch trägt einen Teil göttlicher Substanz in sich, die, da Gott als unsterblich definiert wird, auch unsterblich sein muß. Die für unsere Betrachtung wesentlichen Eckpunkte, des biblischen Textes, sind: »Und Gott schuf den Menschen nach seinem Bilde, zum Bilde Gottes schuf er ihn; und schuf sie als Mann und

---

[183] Eliade, Geschichte der religiösen Ideen, Bd. 1, S.156f.
[184] Bibel, Gen. 1,2.7

Weib.«[185] Daneben die wichtige Formulierung: »und Gott sah alles an, was er gemacht hatte, und siehe, es war sehr gut.«[186] Diese Punkte hat auch Eliade als Angelpunkte des jüdischen Schöpfungsmythos herausgehoben. (siehe obiges Zitat)

Das hat für die Selbstreflexion des Menschen folgende Bedeutung: Gott wird definiert als das vollkommenste, und absoluteste Wesen; wenn er ein Abbild seiner selbst herstellt und dieses für gut befindet, ist es unmöglich, daß dieses Wesen in sich fehlerhaft sein kann. Der Mensch darf sich insofern gegenüber der übrigen Schöpfung als überlegen sehen, da er, wie schon gehört, nach dem Bilde Gottes geschaffen wurde und weil ein eigener Tag der Schöpfung nur ihm gewidmet ist. Wenn Gott analog dazu, die gesamte Schöpfung für gut erklärt, gilt dasselbe, sie kann auf keinen Fall fehlerhaft sein, da ein göttlicher Plan der Schöpfung zugrunde liegt. Aus diesem Grund muß der Eingriff in die Schöpfung definitionsgemäß Frevel sein, weil es die Vollkommenheit der Schöpfung und damit die des Schöpfers in Frage stellt.

Eliade weist in seiner Studie über die „Erbsünde" auf die Entdeckung der Allwissenheit, durch die Urmenschen, hin. »Denn nachdem er allwissend, den „Göttern" gleich geworden ist, konnte Adam den Lebensbaum (den Jahwe nicht erwähnt hatte) ja entdecken und unsterblich werden. Der Text ist klar und kategorisch: „Dann sprach Jahwe Gott: Siehe, der Mensch ist geworden wie einer von uns, so daß er Gutes und Böses erkennt! Daß er nun aber nicht seine Hand ausstrecke und auch von dem Baum des Lebens esse und ewig lebe! (Gen 3,22) Und

---

[185] Bibel, Gen. 1,1.27
[186] Bibel, Gen. 1,1.31

Gott vertrieb das Paar aus dem Paradies und verurteilte es, zu arbeiten, um zu leben.«[187] Die Erbsünde entsteht, da der Mensch Anteil an der Erkenntnis gewonnen hat. Insofern läßt sich darüber spekulieren, ob die Erbsünde in jenem Frevel begründet liegt, welcher die geschaffene Welt (mittels der neugewonnenen Schau der Erkenntnis) in ihrer Fehlerhaftigkeit wahrnimmt. Dies ist um so stimmiger, da das Paradies erst dann verloren geht, als der Makel erkennbar wurde. Waren vorher alle Dinge der Welt wohlgeordnet und beruhigend, verliert sich die Ordnung mit der Entdeckung des Fehlers; plötzlich mischt sich der Zweifel, die Ungewißheit mit in die Stimmungslage und damit die Angst.

In der heutigen Zeit versucht selbstverständlich kein aufgeklärter Theologe mehr, die Schöpfung in 7 Tagen als faktische Tatsache zu beweisen, die naturwissenschaftlichen Beweise für die Lehre Darwins sind zu erdrückend. Trotzdem will man nicht ohne den Lenker im Hintergrund das Auslangen finden. Alle bekannten Kulturen haben ihre eigenen, sehr speziellen Schöpfungsmythen herausgebildet, wiewohl diese so manch einem Detail erstaunliches Übereinstimmen findet. (z.B. wird häufig der große Regen [Sintflut] erwähnt.) Die Kosmogonie umfaßt immer den Ursprung der bekannten Erde, die Fauna und Flora und letztendlich den Menschen, wobei diesem stets ein besonderer Teil der Erzählung zugedacht wurde. Universell ist die Entstehung des Kosmos in einem Wurf, durch Einwirkung eines oder mehrerer höherer Wesenheiten, entstanden. Häufig werden die Menschen durch die Hand Gottes aus

---

[187] Eliade, Geschichte der religiösen Ideen, Bd. 1, S.156f

Lehm geformt[188] und das Leben eingehaucht. Mit diesem zweiten Akt hat der Mensch Anteil an der göttlichen Substanz, er ist zweifacher Natur: einerseits die, aus der Erde entstammende Körperlichkeit, andererseits der göttliche Anteil des eingehauchten Odems. Da aber auch der Körper von einer Gottheit geschaffen wurde, und damit seiner bildnerischen Hand entsprang, (das Gleichnis des bildhauenden Gottes wird in diesem Zusammenhang sehr häufig gebraucht) hat der Mensch auch eine Verantwortung seinem Körper, dem „Tempel Gottes" (siehe dazu FN 173) gegenüber. Darauf beruhen letztendlich die Reinheitsrituale der verschiedenen Konfessionen.

Aller Anfang ist Mythos. Schon die eigene Geburt, von der Zeugung gar nicht zu reden, kennen wir nur vom Hörensagen, ist uns bestenfalls in Geschichten aus zweiter Hand überliefert. Daß wir sind, müssen wir glauben. Aller Anfang ist ungewiß. Ob Urknall, Schöpfungsgeschichte oder vorsokratische Elementenlehre, der Beginn der Weltzeit wird, wie der Beginn der Lebenszeit, aus dem Vorhandenen rekonstruiert. Unsere Kosmologien sind materiell abgeleitet. Einzig die monotheistischen Religionen schaffen sich einen Schöpfergott.[189]

Jede Kosmogonie wirkt sich direkt auf die Lebensweise der Kultur aus. So hat die Lehre der Seelenwanderung, der indischen religiösen Systeme, direkten Einfluß auf die soziale und individuelle Lebensweise der einzelnen Personen. Im Rad der Wiedergeburt verliert die Individualität, das 'Hier und Jetzt'

---

[188] vergl. Kosmogonie: Sumer, Juden
[189] Hove, Oliver vom; Glanz fällt aus der Luft; in: Presse. Spectrum, 23.02.2002

an Bedeutung. Im Gegensatz dazu, wird in der westlichen Zivilisation das Individuum betont, eine besonders starke Ausformung findet sich im us-amerikanischen Raum, die Max Weber auf die vorherrschenden calvinistischen Religionen zurückführt[190]. Zentrum der spirituellen Sicht bildet ein mehr oder weniger klar umrissenes Menschenbild, das sich vom naturwissenschaftlichen Bild zu differenzieren sucht. »Der Mensch besitzt Würde, weil er nicht gleich einer Sache betrachtet werden kann.«[191] Der Mensch sieht sich verschieden von seinen Artefakten und verschieden von den übrigen Lebewesen, Pflanzen und Tieren. Ein konstituierendes Merkmal wird in der Vernunft und damit in der Menschenwürde gesehen, das als Wesensmerkmal wie Arme und Beine gilt. Das Menschenbild ist mit der Menschenwürde direkt verknüpft, und das hat Folgen. Wer hat Anspruch auf Würde? Ein Lebewesen mit nachvollziehbarem Besitz von Vernunft, der über einen Test nachgewiesen werden muß? Oder ein Lebewesen mit potentieller Vernunft, wie ein Embryo, und in diesem Fall - ab wann kann man von potentieller Vernunft sprechen? Dahinter verbirgt sich die endlose Debatte rund um den Schwangerschaftsabbruch, aber auch die Frage nach der Verwendung von embryonalen Stammzellen, bei denen befruchtete Eizellen zum Einsatz kommen bzw. abgetötet werden. Haben Maschinen ein Recht auf Würde, wenn sie Anzeichen von Intelligenz besitzen? Was sind die entscheidenden Kriterien

---

[190] sie dazu, Max Weber, Die protestantische Ethik und der Geist des Kapitalismus, 1920; darin findet Weber die Betonung des Individualismus der amerikanischen Gesellschaft in der Prädestination der Protestanten (bes. der Calvinisten) begründet.
[191] Miet, Dietmar, Radioreihe Logos, 09.03.2002, Programm Österreich 1

für die Grenzziehung zwischen noch nicht der Würde gerecht und der Würde gerecht? Oder anders gefragt, haben Menschen das Recht einer vernünftig gewordenen Maschine den Strom, und damit ihre Lebensgrundlage, abzuschalten? Eine vergleichbare Problematik ergibt sich bei Menschen mit letalen Erkrankungen, bei denen man annimmt, die kognitiven Funktionen seien minimal bzw. gar nicht mehr vorhanden, und die Körperfunktionen sind nur mehr, mittels Herz-Kreislaufmaschinen, aufrecht zu erhalten. In wieweit gilt hier die ethische Pflicht, die Geräte und somit den Körper, in Betrieb zu halten? Gilt die ethische Auflage hier nur deshalb, weil der nicht mehr vernunftfähige Körper den ästhetischen Kategorien von Menschsein entspricht? Ist also die Menschenwürde mit der morphologischen Qualität Mensch verknüpft? Das Menschenbild rekurriert sich auf die visuell-sichtbare Komponente Mensch aufgrund des an früherer Stelle erwähnten Analogieschlusses zur Frage nach dem Bewußtsein. Dies wird in dem Versuch, anthropomorphe Roboter zu bauen klar ersichtlich, und damit erfährt der Schöpfungsprozeß eine Wiederholung durch sein ureigenstes Geschöpf.

Descartes prägte die Dichotomie zwischen dem menschlichen Körper, den er nur als Lebensmaschine verstand, und dem spirituellen Geist, der seinem Wesen nach unsterblich war. Damit war der Körper in seinem Sein nach abgewertet, nicht weiter „Tempel Gottes", sondern ein notwendiges Übel, das erhalten werden will. Nach und nach erkannte man, daß die körperlichen Leistungen des Menschen durch andere Lebewesen, sowie durch artifizielle Maschinen bei weiten übertroffen wurden. Ebenso sah man, daß die kognitiven Leistungen der Menschen von modernen Computern übertroffen werden können (vor allem die Merk-, Vergleichs- und Rechenfähigkeiten). Daher betrachtet man die menschliche Spiritualität als das letzte Hoheitsgebiet der Menschheit. Der Mensch wird verstanden als Körper, Geist plus Seele. Dieses Mehr fehlt nun der Maschine und verurteilt sie zu dem, als was wir sie verstehen, als kalte, berechnende Rationalität. Diese Sicht impliziert auf der anderen Seite bereits deren Überwindung, eben durch jene Kraft, welche der maschinellen Intelligenz stets unbekannt bleiben muß. Dazu gehört die Fähigkeit der Hoffnung, auch dann, wenn rational betrachtet, eine gegebene Situation als hoffnungslos bezeichnet werden muß; damit verbunden ist der Begriff des Wunders, der jenen Zustand beschreibt, in der eine für hoffnungslos befundene Situation doch noch die Wende in die positive Richtung genommen hat. Für die reine Rationalität muß dieser Bereich deshalb ausgeschlossen werden, weil in dem Zustand des Wunders die bekannten Naturgesetze außer Kraft[192] gesetzt werden – das bekanntlich rational nicht möglich ist. Grundkonstante jedes religiösen Systems ist der Glaube an derartige Ereignisse, die dann als Legenden, innerhalb der Mitgläubigen, tradiert werden. Berichte von wundersamen Heilungen in der Bibel, aber auch Erscheinungen und infolge stattfindenden Wallfahrten (z.B. Lourdes), bzw. gleichwertige Ereignisse in den anderen Religionen, legen beredtes Zeugnis dafür ab. Die grundlegende Skepsis des rational- wissenschaftlichen, materialistischen Zuganges weicht einer affirmativen Sehnsucht nach der Über-

---

[192] zumindest die zur Zeit bekannten Naturgesetze.

windung, der als Weltordnung erkannten Naturgesetze, durch eine überlegene Kraft - der spirituellen. Beide Filme rekurrieren auf diese Kraft, um über die materialistische Bedrohung zu triumphieren. Ein Blick auf die derzeitige soziale Situation läßt ebenso einen soziologischen Prozeß in diese Richtung vermuten. Zunehmend lehnen sich religiös motivierte Gruppen von Menschen gegen die von ihnen als Hybris erkannten Entdeckungen der technologischen Gesellschaft auf, und predigen eine geläuterte Weltordnung, umhüllt von den jeweiligen religiösen Systemen. Diese Gruppen erfreuen sich auch, und gerade im aufgeklärten Westen, eines derart regen Zulaufs, daß das europäische Parlament - im März 1997 – dieser Problematik einen ausführlichen Tagesordnungspunkt gewidmet hat; im Zuge dessen wurde eine Schaffung eines gemeinsamen Sekten-Monitorings debattiert.[193] Eine aktuelle Erhebung unter den Jugendlichen der Universität Wien kommt zu einem ähnlichen Schluß:

> Ein Gegentrend zur neuen „coolen" Leistungsgesellschaft ist aus einer anderen Studie ablesbar, die von der Gesellschaft gegen Sekten- und Kultgefahren in Kooperation mit der Universität Wien fertig gestellt wird. Dazu wurden mehr als 2.400 Jugendliche in Wien und Niederösterreich befragt. „Diese Erhebung zeigt unter anderem, daß das Interesse der Heranwachsenden für Esoterik und Sekteninhalte zugenommen hat", so Brigitte Rollett, Leiterin des Bereiches Entwicklungspsychologie an der Universität

---

[193] Das zugehörige Sitzungsprotokoll findet sich unter: http://www.europarl.eu.int/workingpapers/cito/w10/page1_de.htm

Wien. Es scheine eine Tendenz zu geben, sich einem Bereich zuzuwenden, in dem die heutigen Leistungs-Prinzipien scheinbar keine Gültigkeit haben, da „Lebenserfolg" im weitesten Sinne auch auf anderen Wegen erzielbar ist. Eines der interessantesten Resultate der Forschungsarbeit war, daß rund 80 Prozent der Befragten der Ansicht sind, daß die Sterne ihr Leben tatsächlich beeinflussen könnten. [194]

Der us-amerikanische Informatikpionier Ray Kurzweil entwirft eine Zukunftsprognose, die mit vergleichbaren Elementen des Science-fiction Romans operiert, der aber nicht von romanhaft- erzählendem, sondern von sachbuchhaftem Charakter ist. Seine Kernthese ist: vorausgesetzt, die technologische Computerentwicklung verfolgt weiterhin die bisherige Geschwindigkeit, dann wird 2029 die Intelligenz des Computers derer des Menschen entsprechen. Der Körper des Menschen würde ab diesem Zeitpunkt unnütz werden, weil das menschliche Bewußtsein auf die Ebene der Computer transferiert werden kann. Dies hätte zur Folge, daß der Mensch faktisch unsterblich würde. Damit ist notwendig die Auffassung verknüpft, Bewußtsein und Intelligenz seien ihrem Wesen nach immaterielle Informationsverarbeitungsprozesse. »Eigentlich wird es am Ende des 21. Jahrhunderts keine Sterblichkeit mehr geben. [...] Bis heute ist unsere Sterblichkeit an die Lebensdauer unsere Hardware gebunden. Wenn die Hardware am Ende ist, sind wir es auch. Wenn wir Software sind, wird unsere Existenz nicht mehr von der Lebensdauer unserer da-

---

[194] Pressetext vom Wien (pte, 9. Juli 2003 12:37) unter: http://www.pressetext.at/

tenverarbeitenden Schaltungen abhängen. Genau wie wir unsere Dateien nicht wegwerfen, wenn wir uns einen neuen Personal Computer kaufen, sondern alles, was wir behalten wollen, auf das neue Gerät übertragen, so werden wir auch unsere Bewußtseinsdatei nicht wegwerfen, wenn wir uns in regelmäßigen Abständen auf den jeweiligen neuesten, jedesmal leistungsfähigeren 'persönlichen' Computer übertragen.«[195] Der Mensch wird in der bekannten cartesianischen Dualität zwischen Körper und Geist, in diesem Fall, mittels der Analogie aus der Computerterminologie, in Hardware (-> das physische Gerät) für die Körpermaschine und Software (-> die immaterielle Steuerung) für den volatilen Geist, eingeteilt. Der Computer als Gerät ist ohne die Software ein nutzloser Kasten, erst diese ermöglicht die verschiedensten Tätigkeiten, welche dieser zu verrichten imstande ist. Beim Mensch liegt der Sachverhalt anders, da, im Gegensatz zum Computer, sich Körper und Geist miteinander entwickelt haben, und sich gegenseitig bedingen. Die in die Technologie gesetzten Hoffnungen erreichen damit eine, bis zu diesem Zeitpunkt der Spiritualität vorbehaltene Ebene: die Unsterblichkeit. Dahinter vermutet man einen uralten Menschentraum, die vollständige Säkularisierung bzw. sukzessive Entnabelung von der übermenschlichen, göttlichen Kraft. Die Suche nach Unsterblichkeit ist die letzte Bastion, die bisher als unüberwindbar galt. Der moderne Prometheus nimmt sein sterbliches Schicksal selbst in die Hand, er überwindet seine eigene Sterblichkeit durch Artefakte, die er selbst konstruiert hat. Damit aber erfährt das ehemalige Instrument eine neue Zuschreibung; kraft dieser ge-

---

[195] Kurzweil, Homo S@piens, S.205f.

waltigen Aufgabe, die Unsterblichkeit der Menschen zu garantieren, läßt die Computer eine, der Humanitas übergeordnete, Stellung einnehmen, d.h. eine konstruierte, technisierte Gottheit. Die spirituelle Ebene erfährt ihre Materialisierung in der physikalischen Form der elektronisch- neuronalen Netze, die Abhängigkeit an sich erfährt dadurch keine Änderung, die vermeintlich technologische Aufklärung birgt ihre neue Unterwerfung, beweisbar, da faktisch greifbar anwesend.

Das soziale Paradigma

Im Gegensatz zur erörterten göttlichen Schöpfung legen die beiden Filme Alternativprogramme dar. Der erste Film behandelt die Neuschöpfung des Menschen durch den Menschen selbst, das Geschöpf hat sich soweit vom ehemaligen Schöpfer emanzipiert, daß es sich kraft wissenschaftlicher Prozesse selbst erschaffen hat. Die ehemals übermenschlich-spirituelle Sphäre, dem der Mensch untertan war, ist in die Verbannung geschickt worden[196], statt ihrer sind die „neuen Götter in Weiß", die Mediziner, Biologen und Gentechniker getreten. Der zweite Film entwirft eine Gesellschaft, die darüber hinaus getreten ist. Ihre Schöpfung, die Welt der intelligenten, künstlichen Maschinen hat ihre menschlichen Erbauer überflügelt, sie ist im offenen Konflikt um die Vorherrschaft mit ihnen getreten, und erzeugt letztlich sogar ihre ehemaligen Herren für eigenen Zweck in speziellen Züchtungsfarmen. Beide Sozietäten haben durch vermeintliche Verbesserungen verloren, das ehemals humane Gefüge hat, im ersten Fall, seine Natürlichkeit verloren, und im zweiten Fall ist sie gänzlich von der Auslöschung bedroht. Bei der Betrachtung des Ver-

---

[196] Gott ist tot, lautet der Schlachtruf von Nietzsche zu Beginn des 20. JH.

hältnisses, zwischen Schöpfer und Geschöpf im allgemeinen, fällt sofort das Machtgefälle zwischen den beiden Parteien auf. Die Gruppe der Lebensspender ist notwendigerweise stets über jene Gruppe der Empfänger gereiht, da diese ein Wissen besitzen, das für die Zweiteren essentiell ist. Dies erklärt die hohe soziale Stellung der ärztlichen Zunft, der „Götter in Weiß"[197], wie man sie nennt. Aber auch andere Kulturen halten ihre Menschen mit Heilfunktionen hoch im Ansehen; Heiler oder Medizinmänner genießen häufig einen Sonderstatus innerhalb der Gruppe. Leben und alle damit verbundenen Bereiche nehmen, trotz weitreichender medizinischer und biologischer Kenntnisse, einen Sonderstatus, innerhalb der Kultur des Menschen, ein. Im speziellen Fall der beiden Filme verhält es sich analog dazu, die eigentliche Führungselite erschafft neues Leben und bestimmt gleichzeitig auch, welche Form des Lebens für die Gesamtsozietät sinnvoll und integrierbar ist, und welche nicht. Damit erhalten sie den Status des Selektors, der in der Reihe der Züchtungen, zwischen gelungen und mißlungen unterscheidet und dementsprechend, selektiert.

In seiner mittlerweile berühmten „Elmauer Rede"[198] hat der Philosoph Sloterdijk einigen Staub in den Feuilletons der deutschen Zeitungen, aber auch unter Fachkreisen der Geisteswissenschaften, aufgewirbelt. Kernthese seiner Rede ist,

---

[197] häufige Umschreibung von Ärzten in Illustrierten und Zeitschriften. Dies drückt die Erwartungshaltung der Patienten gegenüber ihren Ärzten deutlich aus, man erwartet von ihnen Wunder; wenn diese geliefert werden, bricht ein Begeisterungssturm in den Medien aus. Vergl. dazu die medizinische Sensation der transplantierten Hände in Innsbruck, Sommer 2001

[198] Sloterdijk, Peter; Regeln für den Menschpark, Ein Antwortschreiben zum Brief über den Humanismus – die Elmauer Rede; in: Die Zeit, Nr. 38/1999

die Humanität hat über die Jahrhunderte die Rolle der Domestikation der Menschheit übernommen; ein, in den humanistischen Disziplinen, gebildeter Mensch wird der Aggression und Gewalt abhold und damit letztlich gezähmt. Der Humanismus hat aber in den letzten Jahrzehnten, vor allem um die Zeit des Zweiten Weltkrieges viel von seinem früheren Einfluß eingebüßt und damit seine Rolle, als Zähmungsprogramm für die Bestie Mensch ausgedient. An seiner Statt, so empfiehlt Sloterdijk, solle nun die Gentechnik mit ihren Methoden treten.

Ob aber die langfristige Entwicklung auch zu einer genetischen Reform der Gattungseigenschaften führen wird – ob einer künftige Anthropotechnologie bis zu einer expliziten Merkmalsplanung vordringt; ob sie Menschheit gattungsweit eine Umstellung von Geburtenfatalismus zur optimalen Geburt und zu pränatalen Selektion wird vollziehen – das sind Fragen, in denen sich wie auch immer verschwommen und nicht geheuer, der evolutionäre Horizont vor uns sich lichten beginnt.[199]

Die angedachte Merkmalsplanung, oder anders formuliert, die gentechnisch menschengesteuerte Evolution, ist nach heutigem Wissenstand zwar noch Zukunftsmusik, die Forderung danach soll trotzdem ernst genommen werden. Merkmalsplanung und pränatale Selektion bedürfen eines Selektors, eines Menschen oder Gremiums, der die Rolle des Aussuchenden, von der einstmaligen Einrichtung 'feindliche Natur' (dazu Historisches) übernimmt. Welche Qualifikation berechtigt zur Unterscheidung zwischen lebenswertem und unlebenswertem Dasein, alleine die Formulierung „unlebenswertes Leben" läßt

---

[199] Sloterdijk, Regeln zum Menschenpark; S.7

den prekären Boden dieser Tätigkeit erkennen. Die unrühmliche Zeit der Euthanasieprogramme wirft ihre Schatten voraus.

> Es ist die Signatur des technischen und anthropologischen Zeitalters, daß Menschen mehr und mehr auf die aktive oder subjektive Seite der Selektion geraten, auch ohne daß sie sich willentlich in der Rolle des Selektors gedrängt haben müßten. Man darf zudem feststellen: Es gibt ein Unbehagen in der Macht der Wahl, und es wird bald eine Option für Unschuld sein, wenn Menschen sich explizit weigern, die Selektionsmacht auszuüben, die sie faktisch errungen haben.[200]

Die Weigerung, erworbene Kenntnisse in die Tat umzusetzen, so dies überhaupt jemals möglich sein wird, muß nicht Flucht in die Unschuld der Unwissenheit bedeuten, es kann auch kraft der Einsicht in die Gefährlichkeit einer Unternehmung geschehen. Ein erfahrener Bergführer, der um die Gefahren von Schneelawinen bei extrem hohem Neuschneezuwachs weiß, wird, im eigenen und im Interesse der ihn begleitenden Bergsteiger, eine Abfahrt auf dem Hang meiden (Obwohl häufige Meldungen von derartigen Unglücken leider bekannt werden). Der Forscher erfährt die Bedrohung im Gegensatz zum Bergführer jedoch nicht an seinem eigenen Körper, wodurch es für ihn weit schwerer ist, die Gefahr als solche wahrzunehmen. Wenn Bergführer die offensichtliche Gefahr unterschätzen, kann man sich vorstellen, um wieviel öfter die versteckten Risiken unbeachtet bleiben. Sloterdijk schlägt zur Lösung dieses Problems einen allgemeingültigen Regelkatalog vor, der alle betreffenden Unternehmungen regeln und koor-

---

[200] Sloterdijk, S.7

dinieren soll. Dabei ist hinreichend bekannt, wie bindend internationale Regeln von den einzelnen Nationalstaaten verstanden werden, spätestens seit dem Versuch von „Kioto" - weltweit gültige Klimaschutzprogramme etablieren[201] - der sich als praktisch nicht durchsetzbar erwiesen hat. Es findet sich immer ein Land, das offiziell oder nicht, die Bestimmungen unterwandert und damit derartige Abkommen obsoletiert.

Der Mensch wird in der gentechnischen Debatte, wie in der Erörterung zum Neodarwinismus festgestellt, als ein biologisches Wesen definiert, dessen Verstand auf, sich selbstorganisierende Nervenzellen innerhalb der Gehirnmasse, basiert. Das Gen ist die einzige, ihn formende, Komponente des biologischen Produktes Mensch, unabhängig von der Interaktion des Individuums mit seiner Umwelt. Die zentrale Forderung des biologischen Programms lautet: Welchen Vorteil hat dieses Verhalten für die Maximierung der Fortpflanzungsquote? Der Mensch wird dabei als Relikt aus dem Paläolithikum gesehen, mit all seinen, damals erfolgreichen, Verhaltensmustern, die sich nur rudimentär an die Anforderungen der modernen Technokratie anpassen können.

Es findet im wesentlichen eine Umdeutung statt; Feuerbach vermutete im 19. Jh. hinter den verschiedenen Visionen der allmächtigsten Kraft nichts anderes als eine Projektionsfläche sämtlicher Wünsche und Sehnsüchte der Menschen, die objektiviert, das Bild Gottes ergeben. Die projizierte Sehnsucht ersetzt die eigene subjektive Wahrnehmung, durch eine objekti-

---

[201] Die USA haben sich bis zum heutigen Tag aus Schutzgründen ihrer Wirtschaft geweigert, die Kioto-Bestimmungen zu ratifizieren.

ve- allwissende, und dadurch ersetzt der Mensch das eigene Urteil durch ein transzendentes. Damit wird dem Urteil eine übermenschliche Gewichtung aufgeladen, die seine strenge Exekution durch berufene Personen (der Priesterkaste) gleichsam herausfordert. Durch die zunehmende Säkularisierung der Gesellschaft entstand eine Leerstelle dieser Art der Urteilsfindung. Der Platz wird in letzter Zeit zusehends von maschinellen Urteilsgebern ausgefüllt, nicht im globalen, allumfassenden, sondern im kleinen Bereich, spezialisierter Anwendungen. Im Zuge der Eiskunstlaufbewerbe der olympischen Winterspiele 2002 trat eine Ungereimtheit der Preisrichter ans Tageslicht, es wurde eine Absprache, zwischen zwei Preisrichter aufgedeckt; die Presseberichte betitelten den Vorfall mit der Schlagzeile „Unsicherheitsfaktor Mensch", und die Forderungen nach einer objektiveren, computergestützten Bewertung wurden laut. Das heißt, der subjektive Mensch sei verantwortlich für ungerecht empfundene Urteile. Das Bild der „objektiven" Maschine wird zusehends geprägt, Weizenbaums Programm „ELIZA" hat sofort die Hoffnung von Psychologen nach einem automatisierten und objektiven Psychoarbeiter geweckt. Dem Computer wird eine Autorität zugesprochen, die er (noch) in keinster Weise besitzt. Wenn zum Beispiel ein Computerprogramm geschrieben wird, das auf die Suche nach terroristischen Reizwörtern spezialisiert wurde[202], kann auch

---

[202] Dieses Programm gibt es tatsächlich, alle Emails aus dem schulischen sowie universitären Bereich passieren eine derartige Kontrolle, man braucht sich nur von einem us-amerikanischen Studienkollegen eine Schimpfwörter Email schicken lassen, diese erreicht den europäischen Empfänger mit lauter ***. Ob auch europäische Emails derartigen Kontrollen unterzogen werden, entzieht sich leider meiner Kenntnis, die

ein Poet in die Liste der Verdächtigen fallen, wenn er, in einem beliebigen Text, derlei Ausdrücke verwendet. Der Computer kann nicht zwischen einer ernstgemeinten, einer poetischen, ironischen und sonstigen Bedeutungen unterscheiden – für ihn ist alles ernst gemeint; ist dieser Mensch erst einmal auf der Liste, so muß er seine Unschuld beweisen, es könnte ja sein, er wolle die Behörden täuschen. Dem Computer wird kraft seiner objektiven Autorität höhere Glaubwürdigkeit zugesprochen. Das heißt, der Mensch schafft sich säkularisierte, transzendentale Wesenheiten, die seine Urteile zumindest unterstützen sollen. Dabei steht die künstliche Intelligenz nicht im Verruf für die eigenen Belange zu agieren, da diese nicht mit dem Makel des Eigennutzes behaftet ist. Die Pointe liegt in der neuerlichen Unfreiheit der Menschen, eben erst aus den Klammern der Religion entsprungen, schaffen wir uns neue, durch artifizielle Denker. Von der mechanischen Intelligenz erwartet man sich ein reinrationales Vorgehen, das die menschliche Intelligenz aus ihrer Entwicklung nicht erreichen kann. Dabei gilt die rational- deduktive Sichtweise als die überlegenste Form von Intelligenz. Diese Zuschreibung leitet sich aus der Tradition wissenschaftlicher Methodik ab. Eine genauere Betrachtung dieses methodischen Ansatzes ist lohnenswert, da dieser sich dadurch relativiert.

Wahrscheinlichkeit ist jedoch sehr hoch (Stichwort: Paranoia Post-11.September)

Kritik am Paradigma der Naturwissenschaft

Das wissenschaftliche Paradigma muß sich in der aktuellen Zeit einer Revision unterziehen lassen, einerseits durch seine eigenen Exponenten, sowie auch in der Öffentlichkeit, in der eine diametrale Position zur faktischen Weltsicht debattiert wird. Gerade der Erfolg der beiden diskutierten Filme unterstreicht dies eindrücklich. Die Frage nach der Aufgabe und Weltsicht der Wissenschaft ist keineswegs aktuell, seit Aristoteles hat man sich mit dieser Frage auseinandergesetzt. Aertsen beleuchtet den Kern der Frage in seiner Einführung zu Thomas von Aquin sehr gut:

> Was heißt scientia? Wir übersetzten das Wort gewöhnlich mit „Wissenschaft", aber der Terminus hat in der aristotelischen Tradition eine präzise Bedeutung. Scientia bezeichnet eine begründete Erkenntnis, ein Wissen aufgrund eines Beweises. Wissenschaft erkennbar im eigentlichen Sinne ist deshalb nur der Schluß eines Beweises. Diese Struktur impliziert, daß scientia abgeleitete Erkenntnis ist. Der Schluß des Beweises wird durch Prämissen, die vorher bekannt sein müssen, begründet. Wissenschaft setzt Vorkenntnisse voraus. Die Erkenntnis der Prämissen kann das Ergebnis eines vorangegangenen Syllogismus sein, aber dieser Rückgang auf früher Gewußtes kann nicht bis ins Unendliche weitergehen. Scientia erfordert die Endlichkeit der Begründungsreihe, sie muß letztlich auf ein Erstes zurückgeführt werden, das nicht

mehr durch etwas Anderes, sondern unmittelbar einsichtig ist.[203]

Wissenschaft gründet immer mit syllogistischen Schritten auf zuvor bewiesenes, dabei den bekannten Prinzip der Induktion folgend. Die Problematik der induktiven Vorgangsweise besteht darin, eine zur Allgemeinheit erhobene Beobachtung gilt nur solange als Gesetz, bis nur eine Ausnahme der Regel gefunden wurde, und selbst wenn dieser Regelbruch nicht gefunden wird, besteht jeder Zeit zumindest die theoretische Möglichkeit einer solchen bestehenden Ausnahme. Die Suche nach dem Kern der Materie verdeutlicht dies. Der griechische Philosoph Demokrit brachte als erster die These auf, der „volle Raum" - die Materie, bestehe aus kleinen, unteilbaren Teilchen, die er Atome nannte. »Die Atome sind unvergänglich und unabänderlich, bestehen alle aus dem gleichen Stoff, sind dabei aber von verschiedener Größe und einem dieses entsprechenden Gewichts. Alles Zusammengesetzte entsteht durch Zusammentreten getrennter Atome.«[204] Diese These stammt aus der klassischen Zeit um 400 v. Chr., der sich im Laufe der Zeit vollzogene Wandel dieses theoretischen Ansatzes ist beträchtlich, natürlich handelt es sich bei der demokritschen These nicht um eine physikalische Erkenntnis, sondern eher um eine durch Überlegungen synthetisierte Theorie. Bis zum Beginn des mittlerweile vorigen Jahrhunderts um 1910 wurde das Atommodell zur Erklärung der Materie verworfen. Erst Nils Bohr hob diese Theorie aus der Versenkung, die nach ihm das „Bohrsche Atommodell" genannt wurde.

---

[203] Aertsen, Jan A., Thomas von Aquin; in: Philosophen des Mittelalters, S.189
[204] Störig, S.140f.

Bald stellte man fest, die Atome stellen nicht die kleinsten Teile der Materie dar, da sie in sich spaltbar - also zusammengesetzt sind. Marie Curie, Fermi und andere Physiker sind in diesem Zusammenhang zu nennen. Die Folgen waren katastrophal, diese Erkenntnis erlaubte die Herstellung von Waffen ungeahnter Wirkungskraft auf der einen Seite, und eine nicht einzuschätzende Gefahr in der sog. friedlichen Nutzung, durch die Kernkraft, auf der anderen Seite. (Die Explosion des Kernreaktors Tschernobyl 1986 ist noch immer in lebendiger Erinnerung). Aber die Forschung ging weiter; dazu wurden immer größere und teure Kernbeschleuniger gebaut, in denen die kleinsten Bausteine der Materie aufeinander geschossen werden. Ziel ist es, die kleinsten – unteilbaren – Materiebausteine zu finden. Nach den Protonen, Neutronen und Elektronen tauchten Bosonen, Leptonen und Quarks auf, aber auch diese, und das scheint ziemlich sicher zu sein, sind nicht die gesuchten Bausteine der Materie[205]. Das „Erste, unmittelbar einsichtige" hält sich weiterhin verborgen. Provokant läßt sich der Sachverhalt so formulieren, obwohl wir eine Menge über die Materie wissen, wissen wir eigentlich nichts darüber, weil wir die Basis der Materie nicht kennen (im Sinne Aristoteles); wir arbeiten uns, wie bei einer russischen Puppe, Schicht um Schicht voran, ohne zu wissen, welche Figur sich unter der nächsten Schicht verbirgt. Gleiches gilt für die Forschungen im Bereich des Makrokosmos. Die Suche nach der „Weltformel" durch Hawkins, welche die Relativitätstheorie

---

[205] Gleichzeitig bewies Einstein mit seiner berühmten Formel, daß Materie und Energie ineinander umwandelbar, d.h. zwei verschiedene Emanationen einer unbekannten Größe sind, die sich den bisherigen Untersuchungen erfolgreich entzieht.

Einsteins mit der Quantentheorie Bohrs vereinheitlichen, und so eine umfassende Beschreibung des Kosmos zulassen soll, stockt schon seit geraumer Zeit. Analog dazu ist nicht klar, ob der bekannte Kosmos der einzig existierende ist, oder ob er eine Teilmenge einer übergeordneten Struktur, darstellt.

Die Biowissenschaftler verfahren auf ähnlicher Weise. Wie zuvor erörtert, betrachten sie den Menschen als Funktionsapparat, dessen Zustände sich beschreiben lassen können. Dies gipfelt in der These Dawkins, der Mensch sei eigentlich eine Biomaschine zur Panzerung der egoistischen Gene, wobei körperliche Prozesse, wie Hormontätigkeit im Gehirn, geistige Leistungen hervorrufen, nicht umgekehrt. Wird ein Zentrum im Gehirn lokalisiert, das seine Tätigkeit bei religiösen Praktiken merklich (mit Kernspintomographie können derartige Hirnprozesse sichtbar gemacht werden) zunimmt, so ist dieses Hirnareal für spirituelle Erfahrungen verantwortlich[206]. Mit der gleichen Argumentationskette würde man behaupten, die Fähigkeit zur Bewegung sei zum Selbstzweck der Beine da, es gibt Beine – also geht der Mensch. Der Sachverhalt ist doch eher, die Beine ermöglichen dem Menschen die Bewegung, aber der Wille zur Bewegung entspringt nicht in den Beinen. Ein weiteres Problem an derlei Sichtweisen ist, ebenso wie bei der Entdeckung der Radioaktivität, nicht sosehr die Entdeckung des Zusammenhangs, sondern die möglichen Umsetzungen im praktischen Alltag. Allein die semantische Formulierung degradiert den Stellenwert der Humanitas. Eine Maschine ist Konnotat für eine ständige Baustelle, permanent repara-

---

[206] Behauptung von Kurzweil aufgestellt. Das zugehörige Zitat findet sich im Text an der Stelle von Fußnote 212

turbedürftig. Das Werkzeug, so lassen uns die zuständigen Forscher glauben, stehe bereit, es sei von ihnen entwickelt worden. Dabei kann uns die Biologie noch immer nicht die wichtigste aller Fragen beantworten: was ist Leben, wie entstand es und wie entstand die Vernunft? Damit operiert die Wissenschaft aber mit den gleichen Terminologien wie die Religionen, auch ihre Lehrsätze bedürfen eines Glaubens, wer die Grundannahmen der Wissenschaftlichkeit negiert, verwirft das darauf aufbauende Gebäude. Der Urknall kann nicht zweifelsfrei bewiesen werden, einzig die gefundenen Indizien lassen auf ein derartiges Ereignis schließen, ebenso wie ein Theologe darauf verweist, die Schönheit und Vielfältigkeit der Natur deute auf einen vollkommenen Schöpfer hin. 'Die „Wissenschaft" hat bewiesen, daß ...' mit diesem Satz schwingt eine apodiktische Dominanz, alles was dem 'daß' nun folgt, ist als Wahrhaftig anzuerkennen. Nun ist die Wissenschaftsgeschichte allerdings voll von Irrtümern, Fehlschlüssen und längst vergessenen Sätzen, welche einst gefeiert, dann aber ihrer Fehler überführt wurden. Zwar ließe sich dieses Argument mit der Begründung entkräften, die Forscher seien immer noch menschlich, und einer Reihe von Fehlern, Irrtümern und auch bewußten Falschmeldungen unterworfen, aber auch ein abgeschlossenes, in sich syllogistisches Feld, beinhaltet notwendigerweise auch Fehler, wie Gödel bewiesen hat.

In diese Kerbe schlägt auch die Frage nach der Wesenheit der „Naturgesetze" (im physikalischen Sinn) als solche. Die Frage dabei ist, handelt es sich bei diesen Gesetzen um apriorische Gesetze, nach denen sich die physikalische, wie auch die organische Welt, (bzw. der ganze Kosmos) verhält, oder handelt es sich bei diesen Gesetzen um Beschreibungen der beobachtbaren Phänomene, welche diese mit einer gewissen Wahrscheinlichkeit beschreiben. Der Unterschied zwischen diesen beiden Sichtweisen wird bei Newton, (dem Entdecker der Gravitationsgesetze) deutlich, der seine gefundenen Beziehungen als a priori verstand, nach denen sich der ganze Kosmos verhält. Dazu benötigt man allerdings eine hinreichende Begründung, wie diese Gesetze in den Kosmos gekommen sind, bzw. wer hat diese zu aller Anfang formuliert. Die Rolle übernimmt Gott im Newtonschen System, ihm fiel die Aufgabe des Weltenarchitekten[207] zu. Im Grunde rekurriert diese Vorstellung auf die Platonische Ideenlehre, wobei die göttlichen Ideen in mathematischen Formeln ausgedrückt werden. Dagegen steht aber die neuere Erkenntnis, gerade der Quantenmechanik, deren Gesetze, wie bereits gesagt, nichts anderes als Aussagen der Wahrscheinlichkeiten sind. Das heißt, die Welt wird hierbei als ein Versuchsfeld gesehen, das aus der Vogelschau mit großer Distanz betrachtet wird. Dabei zeigt sich ein einförmiges Verhalten, aber bei genauerem Hinsehen fällt jedoch das innere chaotische Verhalten auf. Ebenso wie eine Ameisenstraße aus weiter Ferne betrachtet sehr regelmäßig und geordnet scheint, aber bei genauerem Hinsehen mit der Lupe sich als ein hoffnungsloses Chaos erweist. Schon Einstein hat auf diese Unzulänglichkeit der Newtonschen Beziehungen hingewiesen; diese gelten zwar nach wie vor, beschreiben jedoch nur einen Spezialfall: Gravitation bei niederer Ge-

---

[207] Das Bild Gottes als Weltenarchitekt findet sich in zahlreichen mittelalterlichen Miniaturen, „Bible des Grands Augustins", 1494 Handschrift 313. Bibliothéque Mazarine und Hamilton Bilbel 1342-1345. Berlin Kupferstichkabinett Cod. 78 E3

schwindigkeit – fernab der Lichtgeschwindigkeit. Diese Überlegung läßt sich an dieser Stelle fortsetzen und würde dadurch (möglicherweise) noch eine globalere, umfassendere Theorie finden; führende Physiker bejahen dies und suchen seit jeher die Superformel (Die Vereinigung zwischen Relativitätstheorie und Quantenmechanik). (z.B. Hawkins). Überspitzt läßt sich der Sachverhalt folgendermaßen formulieren: Eine physikalische Beschreibung gilt so lange, bis eine neuere Formel gefunden wird, die einen beobachteten Sachverhalt mit einer höheren Wahrscheinlichkeit beschreibt.

Bei all dieser Debatte darf man nicht den wirtschaftlichen Faktor aus den Augen verlieren, nach den verheerenden Börsenjahr 2001, in der viele, die Computertechnologie betreffende Aktien, große Teile ihres Wertes verloren haben, nun gilt die Biotechnologie als Hoffnungsmarkt gewinnsüchtiger Anleger. Das heißt gleichzeitig auch, wenn große Kapitalströme Ziel einer Firma werden, so sind die betreffenden Leiter der Firma dem Kapital verpflichtet und nicht ihrem Produkt bzw. ihren Kunden. Forschungsfelder werden nicht zufällig entdeckt, sondern werden mit handfesten Interessen erschlossen, die Zielgebiete der Biowissenschaften legen beredtes Zeugnis davon ab. Bei all den Kontroversen rund um die Patentierung von menschlichem Erbgut spielen im Hintergrund Kalkulationen von großen Gewinnen auf dem pharmazeutischen Sektor mit. »Zwar gibt es individuell maßgeschneiderte Medikamente [aufgrund eines Gentest auf eine singuläre Person zugeschnitten] vorerst nur im Versuchslabor, aber dieser Produktgruppe wird bis 2005 bereits ein Marktvolumen von

800 Millionen Dollar prophezeit.«[208] Schon jetzt warnen Experten vor der Entdeckung von „Erb-Krankheiten", die eigentlich gar keine sind, sondern nur Abweichungen von einer angenommenen anthropologischen Gen-Norm. Eine Differenz zwischen einer genetischen Normalform und einem Gen-Defekt muß nicht notwendigerweise zu einer pathologischen Veränderung im menschlichen Körper führen, sie kann durchaus auch Überlebensvorteile für dessen Träger darstellen. Eine solche Sonderform findet sich in der Sichelzellenanämie, die in den Gegenden um Westafrika sehr verbreitet ist; diese Mutation führt zu einer Mangelfunktion des Sauerstofftransportes des Hämoglobins. Andererseits hat man in der letzten Zeit festgestellt, Malariaerreger können im Blutmilieu der Sichelzellenanämie nicht überleben, das bedeutet, in dieser Gegend mit hoher Malariaanfälligkeit ist dieser Umstand und damit dieser – an sich Defekt - ein eindeutiger Überlebensvorteil.[209] Die Gefahren eines normalisierten Genprogramms sind bekannt: »Aber auch das soziale Miteinander kann das Normale normativ interpretiert werden und dementsprechend das Abnorme, wie auch immer es sich ausprägen mag, als persönlicher Makel – mit der Konsequenz der genetischen Diskriminierung auf dem Arbeits- und Heiratsmarkt. Folgerichtig befassen sich auch private Versicherungsunternehmer intensiv mit der Materie und betrachten genetische Tests als legitimes Handwerkszeug für die Gestaltung von Versicherungsverträ-

---

[208] Brown, Kathryn; Das Wettrennen um die Gene: in Spektrum der Wissenschaft, Nr. 9/2000
[209] Henn, Wolfram; Sind wir alle erbkrank; in: Univeritas, 3/2001 Nr. 657, S.272

gen.«[210] Die Projektion dieser Warnung auf ein soziales System hat bereits der Film „Gattaca" exemplifiziert. Ein weiteres aktuelles Beispiel für die Paradigmensetzung der Forschung nach ökonomischen Kriterien: Vor rund 10 Jahren hatte die damals kleine Pharmafirma Pfizer durch Zufall, (eigentlich wollten sie ein Medikament zur Verhinderung von Herzinfarkten produzieren), das Potenzmittel Viagra entdeckt. Dies entpuppte sich als ein dermaßen großer wirtschaftlicher Erfolg, daß die Forschungen auf dem Sektor der Sexualmedizin explodiert sind. Binnen kurzer Zeit hatte sich ein Großteil der medizinischen Forschungstätigkeit, neben bestehenden laufenden Projekten, in diese Sektion verlagert, und erstaunliche Ergebnisse zu Tage gefördert, die bis dahin einfach übergangen worden sind. Da die meisten Forschungslabors in privater Hand sind, die öffentliche Forschung verkommt zusehends zu einer Randerscheinung, wird das Forschungsziel von der Managementabteilung zumindest erwünscht, da beide Institutionen meist Hand in Hand gehen. Die oberste Zielsetzung, privater Forschungslabors, konzentriert sich stets auf Projekte, die einen größtmöglichen Profit erwarten lassen. Nichtquantifizierbare Grundlagenforschung wird zumeist von den öffentlichen Forschungseinrichtungen und Universitäten betrieben, die aber ihrerseits, zusehends aus der öffentlichen Hand in die Privatwirtschaft entlassen werden, was die Qualität und die Quantität der Grundlagenforschung entscheidend einschränkt.

Wesentlich größere Probleme wirft jedoch die zunehmende Spezialisierung innerhalb der einzelnen wissenschaftlichen

---

[210] Henn, S.273

Disziplinen auf, die aufgrund der enormen Wissensmenge, welche die jeweiligen Disziplinen im Laufe ihrer Wissenschaftsgeschichte produzierten, notwendig geworden sind. Bahnbrechende Entdeckungen beschränken sich auf immer enger kreisende Fragestellungen, wodurch der Blick für die Gesamtheit zusehends verloren geht. Ein Beispiel aus der Medizin soll diese Prozesse verdeutlichen. Eine Krankheit wird zumeist als funktionale, organische Störung betrachtet, die es zu beheben gilt. Dabei kommt das Schema - Auffinden der Fehlerquelle, Eingreifen mittels medikamentöser oder chirurgischer Behandlung in die betreffende Fehlerquelle – zum Einsatz. Der Patient als menschliche Entität wird dabei ausgeblendet, nur sein funktional gestörter Organismus ist von primärem Interesse; dabei ist die Vermutung der direkten Beziehung, zwischen seelischem Wohlbefinden und organischer Gesundheit, mehrfach von einschlägigen Studien unterstützt worden. Dies findet aber in der schematisierten Medizin schon aus Zeitgründen kaum Beachtung.

Für alle Belange der wissenschaftlichen Ebene gilt als eine der Grundkonstanten die Quantifizier- und Meßbarkeit des Untersuchungsobjekts. Damit ist die Grundregel der Reproduzierbarkeit von Versuchsanordnungen verbunden. Als wissenschaftlich ernstzunehmend gelten nur jene Tests, deren Ergebnisse von verschiedenen Forschergruppen mit dem gleichen Versuchsaufbau wiederholt werden können. Ebenso wie die neu komponierte Musik der Notenschrift bedarf, um von anderen Musikern exakt gespielt zu werden, bedürfen auch Versuchsanordnungen eines speziellen Codes, die idente Umsetzungen erlaubten. Meist wird ein mathematischer Code, in

Form von Gleichungen oder physikalischen Expressionen verwendet, der ein zweifelsfreies Verstehen ermöglicht. Alle menschlich- kognitiven und psychischen Leistungen entziehen sich dieser Quantifizierbarkeit. Begriffe wie Intelligenz, Kreativität, Sozialisationsvermögen, Ehrgeiz, Fleiß etc., lassen sich nur schwerlich in Zahlen fassen, wiewohl dies die Psychologie, mittels einer Reihe von verschiedenen Intelligenztests, versucht hat. Diese Test, obgleich sehr umstritten, weil von sehr einseitigen Charakter, erfreuen sich in den USA sehr hoher Beliebtheit, da sie den Anschein erwecken, wichtige Arbeitskomponenten wie Intelligenz oder Teamkompetenz in einfach handhabende Zahlen zu fassen. Mit den beiden, in dieser Arbeit diskutierten, Anthropotechniken vermeint man, den Schlüssel zur Meßbarkeit geistiger Vorgänge gefunden zu haben. Im Falle der Gentechnologie scheint die Verknüpfung, zwischen physischer Gestalt und Anordnung der Aminosäuren auf einem bestimmten Genomteil, auch den Rückschluß der kognitiven Leistungen des Untersuchungsobjektes, durch Studium der betreffenden DNA, zu erlauben. Man müßte dazu nur jenen Teil der DNA finden, der für die Gedächtnisleistungen zuständig ist, und diesen Teil mittels Quervergleiche zwischen sog. Genies und Normalbürger auf die intelligenzfördernden Expressionen befragen; damit wäre Intelligenz leicht faßbar, auf eine Aminosäurenanordnung im entsprechenden DNA- Teil, reduziert. Gleichzeitig fördert die zunehmende Formalisierung der Intelligenz, von der Forschungsrichtung der AI betrieben, ebenfalls die Quantifizierbarkeit der Intelligenz. Wenn es gelänge, artifizielle Intelligenz von einer Maschine nachzustellen, so müßte dieser Prozeß den Grad der Meßbarkeit erreichen, da bisher alle maschinellen Prozesse meßbar sind und gleichzeitig die Maschinen nach rational-logischen Methoden funktionieren müßte. Dieser Meßzwang von der formalwissenschaftlichen Seite nimmt teilweise sehr seltsame Formen an, wie allerlei verschiedene Wettbewerbe und Rankings[211] in Zeitschriften beweisen. Ray Kurzweil berichtet: »Neurowissenschaftler der University of California in San Diego haben das sogenannte ‚Gottesmodul' entdeckt, eine Stelle im vorderen Gehirnlappen, deren Nervenzellen offenbar während religiöser Erfahrungen aktiviert sind. Sie entdeckten diesen neuronalen Mechanismus bei den Untersuchungen von Epileptikern, die während ihrer Anfälle intensive mystische Erlebnisse gehabt hatten. [...] Evolutionsbiologen haben – da religiöse Überzeugungen offenbar einem sozialen Bedürfnis entsprechen – schon lange die Existenz einer neurologischen Basis der spirituellen Erfahrung vermutet.«[212] Mittels sensiblen Hirnelektroden könnte man so die Intensität der spirituellen Erfahrung der Versuchsperson in Zahlen und damit in Rankings einteilen. Die Priesterschar dieser Erde könnte damit auf ihre spirituelle Überzeugung hin getestet werden, und es ließe sich eine Art Weltranking der religiösesten Mystikern installieren, die dann eben regelmäßige Wettkämpfe, ähnlich wie sportliche Leistungsvergleiche abhalten, sogenannte spirituelle Weltmeisterschaften. Bei weiterer Forschung läßt sich sicher der Gehirnlappen für Phantasie finden, der dann ebenfalls meßbar wäre; damit hätte das Bewertungsproblem von Kunstwerken endlich ein Ende, je höher der Phantasiewert des Erzeugers ist, desto teuerer das entstandene Werk. Bei der

---

[211] Man findet Intelligenz-, Emotionale Intelligenz-, sexuelle Intelligenz-, körperliche Intelligenztest und viele weitere von solchen Unsinnigkeiten.
[212] Kurzweil, S.242

mittlerweile bekannten Komplexität der Intelligenz scheinen diese Schlüsse sehr voreilig, die sind aber für wissenschaftstheoretische Studien dennoch sehr interessant.

Schluß

Die beiden, in diesem Buch vorgestellten, Filme präsentieren eine übereinstimmend negative Welt, welche durch eine Einzelperson überwunden wird; im Film Gattaca findet die Überwindung der Welt nur für die Hauptperson statt, die anderen Leidensgenossen profitieren von seiner Tat, im eigentlichen Sinn nicht, außer daß Vinzenz die prinzipielle Möglichkeit des Vorhabens aufgezeigt hat. Im zweiten Film Matrix verändert der Held die gesamte Welt, und befreit damit auch die übrige Menschheit. Das Motiv der negativen Welt ist an sich nichts neues, dies zeigt bereits der Film „Brazil" von Terry Gilliam, dessen Held jedoch, im Unterschied zu den untersuchten, an den bestehenden Strukturen scheitert.

Die Wissenschaft wird, von beiden Filmen, als die Ursache der Katastrophe genannt, sie tritt jedoch nicht als der Zauberlehrling auf, dem der Besen sukzessive entgleitet, sondern das Unglück ist längst geschehen, es bleibt nur noch, die Folgen abzuschwächen. (Wer will in der realen Welt leben, die uns der Film Matrix als kalte Wüste vorstellt?) Galt in früheren Science-fiction-Filmen der Konflikt zwischen Außerirdischen, (Alien), Kometen, fremden- bösen Mächten (vor allem zur Zeit des Kalten Krieges) oder verrückten Wissenschaftlern, welche die Weltmacht an sich reißen wollen (z.B. Batman Saga) und der alltäglichen Gesellschaft, so gilt für diese Filme: die Katastrophe passiert eigentlich nicht aus böser Absicht, sondern aus dem Bestreben, das Leben der Menschen zu erleichtern. Im Fall von Gattaca versucht die Gentechnik, das Leben der Menschen einerseits zu verlängern und andererseits alle möglichen Krankheitsursachen im Voraus auszumerzen. Aufgrund des sich einstellenden sozialen Druckes, pervertiert die Absicht in ihr Gegenteil, obwohl sich eigentlich kein Schuldiger ausmachen läßt. Ähnliches gilt für Matrix, auch in diesem Fall war die ursprüngliche Absicht die Verbesserung der menschlichen Lebenssituation, indem man maschinelle Arbeitersklaven zu entwickeln begann. Auch in dieser Situation kippte, die an sich positive Lage, in ihr Gegenteil. Das Scheitern wird durch die kleinen Schwächen des Menschen erklärt, Hochmut gegen Artfremde, dem Streben, immer besser sein zu wollen als der Konkurrent; diese kleinen Schwächen sollten sich fatal rächen. Auf der anderen Seite unterstreichen beide Filme die Überlegenheit der menschlichen Kraft, die der maschinellen bzw. genetisch veränderten überlegen ist. Diese menschliche Kraft wird mit der Fähigkeit zu religiösem Denken und Glauben und dem Prinzip der Hoffnung gleichgesetzt. Mit der Religion etabliert sich eine genuin humane Plattform, die auch den Wesenheiten der intelligent gewordenen, künstlichen Entitäten, den Zugang verwehrt. Damit eröffnet sich der Menschheit eine Kraftquelle, die sie, über ihre vermeintliche Gegnerschaft, hinauswachsen läßt. Der „erwachte, erleuchtete Neo" kann allein, mittels seiner Gedanken, die feindliche Matrix ändern, und alle Gegner mit einem Schlag vernichten. Die Irrationalität der religiösen Ebene öffnet dem Menschen das Fenster zu jenen Fähigkeiten, die von der rationalen Welt als ausgeschlossen gebrandmarkt und für diese unerreichbar weit entfernt sind. Hoffnung an sich, ist für diese rationale Entität ebenfalls stets völlig widersinnig, da Hoffnung logische Schrittfolgen negiert. Dies gilt in dieser Schärfe natürlich für die Welt der Wissenschaften nicht, da auch Forscher der Formalwissenschaften auf ein bestimmtes Ergebnis ihres Experiments, oder auf eine weiterführende Eingebung für ihre Theorie, hoffen.

Da Filme als soziologische Seismographen gelten können, die vorhandene Strömungen aufnehmen, kann man auf eine zunehmende Verunsicherung der Bevölkerung, zum technologischen Fortschritt, schließen. Dies geht mit einer Resakralisierung, der schon als agnostisch geltenden westlichen Welt einher, die sich aller Wahrscheinlichkeit nach noch verstärken wird; stand die Weltanschauung unter dem Paradigma der Technologie, der Mensch hatte sich an die Anforderungen der Technik anzupassen, so könnte in Zukunft stärker auf die Bedürfnisse des Menschen eingegangen werden. Der Sektor der Gesundheit muß neue Wege beschreiten, will er (für die Staaten der Industrieländer) weiterhin finanzierbar bleiben. Die maschinell gestützte Gesundheitsvorsorge ist ein äußerst kostspieliges Unterfangen, und kann in dieser Form schwerlich weiter fortgeführt werden. Diskussionen einer Einbeziehung der sog. Alternativmedizin sind längst keine Tabuthemen an Kliniken und Medizinuniversitäten mehr, sondern die Annäherung wird schrittweise praktisch erprobt.

Die Notwendigkeit der Alternative zur reintechnologischen Sichtweise läßt sich einfachen Überlegung entnehmen. Der Fortschritt gleicht, mathematisch gesehen, einer geometrischen Reihe, das heißt er beschleunigt sich stetig; dies führt zu immer häufiger auftretenden Innovationsschüben. Um die neuentwickelten Geräte und Technologien auch verkaufen zu können, müssen diese von der Bevölkerung verstanden werden. Die Bereitschaft, immer schneller, ständig neue Anwendungstechniken für verschiede Geräte zu lernen, sinkt sehr rasch. Schon heute bedarf es einer Unzahl von Handbüchern und Betriebsanleitungen, um diverse Artefakte benutzen zu können. Gleichzeitig steigt der gleichzeitige Anachronismus der Menschheit; nicht jede Gruppe kann an der Fortschrittsgeschwindigkeit teilhaben, alle Ausgeschlossenen[213] fallen um so schneller zurück, je schneller sich das Rad des Fortschritts dreht. Damit entsteht die Hegemonie der Technologie-Elite, die über die Verteilung des Wissens und der Produkte entscheidet. Eine sich bildende Gegenbewegung auf seiten von verschiedenen sich ausgestoßen fühlenden Gruppen ist sehr wahrscheinlich, und damit Konflikte zwischen den divergierenden Gruppen vorprogrammiert. Diese sind im Zuge der Globalisierungsdebatte im Entstehen, sie unterstützen teilweise die Anliegen der unterentwickelten Länder, teilweise suchen sie, wie die französische Gruppe ATTAC, die komplette Liberalisierung des Waren- und Dienstleistungsverkehrs aufzuhalten. Nur eine Entschleunigung dieses Prozesses kann langfristig eine sozial stabile Weltordnung garantieren, die gleichzeitig das Sicherheitsbedürfnis des Menschen befriedigt, nach dem sich diese in unsicheren Zeiten, sehnt.

---

[213] darunter fallen all jene, die aus ökonomischen, sozialen oder territorialen Gründen an Bildungseinrichtungen und an Kapitalflüssen nicht teilhaben können. Alle sozialschwache Gruppen, die sog. dritte Welt etc.

Bibliographie:

Filme

DER GOLEM, WIE ER IN DIE WELT KAM, Deutschland 1920, Regie: Paul Wegener, Carl Boese, Kamera: Karl Freund, Produktion: Paul Davidson

EXISTENZ, Kanada 1998, Regie: David Cronenberg, Kamera: Peter Suschitzky, Produktion: Robert Lantos

GATTACA, USA 1997, Regie: Andrew Niccol, Kamera: Slawomir Idziak, Produktion: Danny DeVito

LE VOYAGE DANS LA LUNE, Frankreich 1902, Regie: Georges Méliès, Kamera: Michaut Lucien Tainguy, Produktion: Georges Méliès

MATRIX, USA 1999, Regie: Larry und Andy Wachowski, Kamera: Bill Pope, Produktion: Joel Silver

MATRIX RELOADED, USA 2003, Regie: Larry und Andy Wachowski, Kamera: Bill Pope, Produktion: Joel Silver

Dramentheorie, Dramaturgie und Filmwissenschaft

ARISTOTELES; Poetik, in: Aristoteles Hauptwerke, üb. Wilhelm Nestle, 1977 Kröner Verlag Taschenbuch Bd. 129, Stuttgart, S.285-376

BORDWELL, DAVID; Classical Hollywood Cinema: Narrational Principles and Procedures". Narrative, Apparatus, Ideology: A Film Theory Reader. Hg. Philip Rosen. N.Y.: Columbia Univ. Pr., 1986. S.17-34. (Orig.: Adapted from David Bordwell. Narration in the Fiction Film. Madison: Univ. of. Wisconsin Pr., 1985).

DELEUZE, GILLES; Cinema - 1. Das Bewegungsbild, 1989 Suhrkamp- Taschenbuch Wissenschaft; Frankfurt am Main, (Orig. D. Geleuze <Cinéma 1. L'image-movent>, 1983 Paris)

DELEUZE, GILLES; Cinema – 2. Das Zeitbild, 1991 Suhrkamp-Taschenbuch Wissenschaft; Frankfurt am Main, (Orig. D. Geleuze <Cinéma 2. L'image-temps>, Aufl. 1985 Paris)

ECO, UMBERTO; Über Spiegel und andere Phänomene, 1990 Deutscher Taschenbuch Verlag, München, (Orig. U. Eco, <Sugli specchi e altri saggi>, editonze Bompiani, Mailand 1985)

ETTEDGUI, PETER; Filmkünste: Kamera; 2000 Rowohlt Taschenbuch Verlag, Reinbek bei Hamburg

FAULSTICH, WERNER; Einführung in die Filmanalyse, 1994 Gunter Narr Verlag, Tübingen

FIELD, SYD; Das Drehbuch; in: Drehbuchschreiben für Film und Fernsehen, Hg. Andreas Meyer und Gunther Witte, Paul List Verlag, Leipzig 1987 (Orig. in: Screenplay, <The Foundation of Screenwriting>, published by Dell Publishing Co., Inc. New York 1979,1982)

FRÜCHTL, JOSEF; Übermenschen, Supermänner, Cyborg - Das Paradigma der Science Fiction; in: Merkur, Hg. Karl Heinz Bohrer und Kurt Scheel, Heft 9/10, Sept./Okt. 2001, 55. Jahrgang

GANS THOMAS, Filmlicht, 1995 Shaker Verlag, Aachen

GIBSON, WILLIAM; Newromancer, Heyne 1987

IACCINO, JAMES F., Jungian Reflection within the cinema, Praeger, Westprot 1998

Künstliche Menschen, manische Maschinen, kontrollierte Körper; Hg. Rolf Aurich, Wolfgang Jacobsen, Gabriele Jatho; Retrospektive 2000 – Filmmuseum Berlin; Jovis Verlag, Berlin 2000

MAXFORD, HOWARD; The A- z of science fiction & fantasy films, B T Batsford Ltd. London, 1997

MENNINGEN, JÜRGEN; Filmbuch Science fiction; DuMont 1975

MIKUNDA, CHRISTIAN; Kino spüren – Strategien der emotionalen Filmgestaltung, 1986 Filmland Presse, München

MIKUNDA; CHRISTIAN, Der verbotene Ort oder Die inszenierte Verführung: Unwiderstehliches Marketing durch strategische Verführung, 1998 ECON Verlag, Düsseldorf

NICCOL, ANDREW; Gattaca - Filmscript, URL: http://www.geocities.com/scifiscripts/scripts/gattaca.txt

RABENALT, PETER; Filmdramaturgie, 1999 VISTAS, Berlin

ROVIN, JEFF; Classic science fiction films; Citadel/ Carol Publ. Group

SEELEN, GEORG; Kino des Utopischen ; Rowohlt 1980

SENN, BRYAN; Fantastic cinema guide; Mc Farland 1992

STRESAN, NORBERT; Enzyklopädie des phantastischen Films, Corian Verl. Wimmer 1986

Texte zur Theorie des Films, Hg. Franz-Josef Albersmeier, 1995 Philipp Reclam jun., Stuttgart

WACHOWSKI, LARRY UND ANDY; Matrix - Filmscript; URL: http://home.teleport.ch/mut/matrix/home/script.html

WACHOWSKI, LARRY UND ANDY; The Matrix Reloaded – Transcript; URL:
http://www.twiztv.com/movies/thematrixreloaded.htm

Genetik und Gentechnologie

BAKER, ROBIN; Krieg der Spermien, 1999 Bastei Lübbe-Taschenbuch, Band 60465, München (Orig. R. Baker, Sperm Wars. Infidelity, Sexual Conficts and Other Bedroom Battles; 1996 Forth Estate, London)

DAWKINS, RICHARD; Das egoistische Gen, Spektrum Akademischer Verlag GmbH, 1994 Heidelberg (Orig. R. Dawkins; The Selfish Gene, 1976)

DAWKINS, RICHARD; Der blinde Uhrmacher, DTV 2. Aufl., München 1996 (Orig. R. Dawkins; The Blind Watchmaker, 1986)

EBERHARD-METZGER; Wie viel Macht haben die Gene? In: Universitas, Nr. 657, März 2001 Stuttgart, S.218-227

HANIEL, ANJA; Therapeutisches Klonen; in: Universitas, Nr. 657, März 2001 Stuttgart, S.288-238

KNOEPFFLER, NIKOLAUS; Fortschritt ohne Maß und Grenzen – Plädoyer für eine lebensdienliche Gestaltung der bio- und gentechnischen Entwicklung. In: Universitas, 55. Jg. 2000, Hf. 6, S.572-583

SCHMIDT-SALOMOM, MICHAEL; Sloterdijk oder das Spannungsverhältnis von Humanismus und Anthropologie; in: URL http://home.t-online.de/home/M.S.Salomon/entzaub.htm

WEBER, THOMAS P,; Darwin und die Anstifter: Die neuen Biowissenschaften, 2000 DuMont Verlag, Köln

WEIGL, SIGRID; Zur Lesbarkeit der Genetik; in: Magazin Unizürich Nr. 2/2000, S. 19-22

Zeitdokument, Das menschliche Genom - Sammlung ausgewählter Artikel aus Die Zeit, Spektrum der Wissenschaft, Nature; Nr. 1/2001, Zeitverlag Hamburg

ZOGLAUER, THOMAS; Neue Gene - neue Menschen? Die Verlockungen eugenischer Anthropotechnik. In: Universitas, 54. Jh. November 1999, S.1058-1068

Künstliche Intelligenz

BASIEUX, PIERRE; Abenteuer Mathematik - Brücken zwischen Wirklichkeit und Fiktion, Rowohlt Taschenbuch Verlag, 2001 Reinbek bei Hamburg

BAUDRILLARD, JEAN; Die Simulation; in: Wege aus der Moderne, Schlüsseltexte der Postmoderne-Diskussion, hg. Wolfgang Welsch, 1994 Akademischer Verlag GmbH, Berlin

CRUSE, HOLK; DEAN JEFFREY, RITTER HELGE; Die Entdeckung der Intelligenz oder können Ameisen denken; 1998 Deutscher Taschenbuch Verlag, München

GRIBBIN, JOHN; Schrödingers Kätzchen und die Suche nach der Wirklichkeit, 1998 Fischer Taschenbuch Verlag, Frankfurt am Main

HOFSTADTER, DOUGLAS; Gödel, Escher, Bach ein Endlos Geflochtenes Band; 2001 Klett-Cotta, Deutscher Taschenbuch Verlag, München (Orig. R. Hofstadter, <Gödel, Escher, Bach: an Eternal Golden Braid>, 1979 Basic Books, New York)

HRACHOVEC, HERBERT; Zweimal fünf Prognosen zur Forschung in Computernetzen. In: Universitas, 51. Jg. 1996, Hf. 6, S.375-385

KURZWEIL, RAY; Homo S@piens, Leben im 21. Jahrhundert - Was bleibt vom Menschen? 2001 Econ Ullstein List Verlag, München (Orig., R. Kurzweil, <The Age of Spiritual Machines>, Viking Press London 1999)

TURING, ALAN M.; Kann eine Maschine denken? In: Künstliche Intelligenz – Philosophische Probleme; Hg. Walter Ch. Zimmerli und Stefan Wolf; 1994 Phillip Reclam jun. Stuttgart, S.39-78

WEIZENBAUM, JOSEPH; Die Macht der Computer und die Ohnmacht der Vernunft; 2000 Suhrkamp-Taschenbuch Wissenschaft 274, Frankfurt am Main (Orig. J. Weizenbaum, <Computer Power and Human Reason. From Jugement to Calculation>, 1976 W.H. Freeman and Company

Theologie und Philosophie

BRUMLIK, MICHA; Die Gnostiker, 2000 Philo Verlagsgesellschaft, Berlin

CAMPBELL, DUNCAN; Eine neue Welle elektronischer Überwachung; in: UNESCO Kurier, Nr. 3/4 2001, 42. Jahrgang, Freemedia, Bern; S. 30-32

DAVIES, SIMON; Der globale Lauschangriff; in: UNESCO Kurier, Nr. 3/4 2001, 42. Jahrgang, Freemedia, Bern; S. 14-15

DAVIES, SIMON; Zwischen persönlicher Autonomie und sozialer Sicherheit; in: UNESCO Kurier, Nr. 3/4 2001, 42. Jahrgang, Freemedia, Bern; S. 16-19

ELIADE, MIRCEA; Geschichte der religiösen Ideen, Band I-IV , 1979 Herder Spektrum, Freiburg (Orig. Mircea Eliade, Histoire des croyances et des idées religiueses, Editions Payot, Paris, 1976, 1992)

Evolution im Diskurs – Grenzgespräche zwischen Naturwissenschaften, Philosophie und Theologie; Hg. Alexius J. Bucher und Dieter Stefan Peters, 1998 Eichstätter Studien N.F. Bd.39, Pustet Verlag, Regensburg

Gott, der Mensch und die Wissenschaft; Hg. Hans-Peter Dürr, 1997 Pattloch Verlag, Augsburg

GRÄFRATH, BERND; Lems Golem – Parerga und Paralipomena, 1996 Suhrkamp Taschenbuch, Frankfurt am Main

KERÉNYI, KARL; Die Götter- und Menschengeschichten, Bd.1; 1996 DTV Verlag München

LEM, STANISLAV; Also sprach Golem, 1984 Suhrkamp Taschenbuch, Frankfurt am Main (Orig. Lem, Golem XIV, Kraków, 1981)

MARZIN, FLORIAN; Stanislaw Lem an die Grenze des SF Corian Verlag, 1996

MÜLLER, KARL; Verdoppelte Realität - virtuelle Wahrheit? Philosophische Erwägungen zu den «Neuen Medien», in: http://www.uni-muenster.de/ZIV/inforum/1998-2/a06.html

PLATON; Der Staat; üb. August Hornefer, 1973 Alfred Kröner Verlag, Stuttgart

SCHMID, KLAUS PETER; Wahrlich wahrlich ich sage euch... - was uns für 2000 alles vorhergesagt wurde und warum fast nichts davon eintraf. In: Universitas, 54. Jg. Hf. 12, S.1150-1161

SLOTERDIJK, PETER; Regeln für den Menschpark, Ein Antwortschreiben zum Brief über den Humanismus – die Elmauer Rede; in: Die Zeit, Nr. 38/1999

STÖRIG; HANS JOACHIM; Kleine Weltgeschichte der Philosophie, 1992 Fischer Taschenbuch Verlag, Frankfurt am Main (1. Aufl. 1950 Verlag W. Kohlhammer, Stuttgart)

WEBER, MAX; Gesammelte Aufsätze zur Religionssoziologie, 1988 UTB Taschenbuch Nr. 1495, Tübingen, Mohr (1. Aufl. 1920 J.C.B.Mohr Verlag, Tübingen

Weltuntergang – Weltübergang, Science Fiction zwischen Religion und Neomythos, Hg. Linus Hauser und Dietrich Wachler; Telos Verlag, Altenberge 1989

Bibliographische Bemerkung: Für die angeführten Internet-URL's kann leider keine Gewähr abgegeben werden, da sich die Adressen laufend ändern. Falls unterbrochene Links auftreten sollten, gegebenenfalls eine Suchmaschine bzw. http://www.google.com mit der Link-Recherche beauftragen.

www.ingramcontent.com/pod-product-compliance
Lightning Source LLC
Chambersburg PA
CBHW020116010526
44115CB00008B/857